Retrospectives ANTIPATTERNS

좋은 팀을 만드는
24가지 안티패턴 타파 기법

Retrospectives ANTIPATTERNS

좋은 팀을 만드는 24가지 안티패턴 타파 기법

아이노 본 코리 지음   김모세 옮김

i!i
에이콘

에이콘출판의 기틀을 마련하신 故 정완재 선생님 (1935-2004)

가장 소중한 친구, 앨런 아거보(Allen Agerbo)에게 이 책을 바친다.
앨런은 나와 공동 학위이며 내 박사 학위 일부이기도 한 컴퓨터 과학 분야에서 함께 일했다.
나를 가까이에서 지켜본 그녀는 내가 책을 쓸 일은 없을 거라고 생각했다.
앨런의 말을 덧붙여 본다.
"아이노, 당신은 새로운 아이디어를 만들어내는 데는 뛰어나지만
글쓰기에 한해서는 그랬던 적이 한 번도 없어."

이 책에서 아이노는 우리의 관계가 어떻게 시작됐는지를 들려준다. 우리 인연이 어떻게 깊어져 수년 동안 지속됐으며 성숙해왔는지에 관한 이야기가 이어진다. 아이노는 시간이 지나면서 내가 멘토링했던 어떤 누구보다 멋진 사람이 됐다. 이제는 내가 존경해 마지않는 동료이자 친구이다.

나는 팀의 지속적인 학습과 개선에 관한 책을 저술하고 이 개념을 초기에 주장한 사람으로서 팀 회의가 반드시 가치 있는 결과를 전달하길 바란다. 그래서 팀 리더들에게 팀 회고를 위한 시간을 정하도록 독려한다. 팀(그리고 각 팀이 속한 조직)이 회고 프랙티스를 활용해 앞으로 더 많은 혜택을 누리길 바란다.

안타깝게도 '회고'라는 이름으로 불리지만 이야기를 들어보면 실제로는 '회의'일 때가 많다. 단순히 '추억 팔이Retro Box' 목적으로 열리는 회고, 또는 두세 가지 질문에 대한 답을 나열하는 수준에서 그치는 회고는 실천 가능한 계획을 세우기 어렵다. '팀은 이런 회의를 시간 낭비라고 느낀다'라는 말은 스토리텔러들의 단골 멘트다. 그들을 비난할 수만은 없다. 이런 회의들은 팀에 약속한 혜택을 제공하기는커녕 시간만 축낸다. 다소 과하다고 여길 수도 있지만 이런 회의는 회고라고 부르지 않겠다. 그 회의가 무엇이든 간에 내가 생각했던 회고는 절대 아니다.

효과적인 회고를 할 수 있는 동료들과 일하고 싶다. 그러한 동료들은 내가 혼자 일하는 것이 아님을 느끼게 해준다. 요즘 콘퍼런스나 이벤트에서 회고 관련 주제를 발표하는 아이노를 볼 때마다 감격한다. 마음도 편해진다. 청중은 그와 협업했던 팀들이 그랬던 것처럼 팀 개선에 도움이 될 가치 있는 정보를 얻을 것이다. 내게 회고에 대해 문의하는 모든 이에게 아이노의 트레이닝 과정을 추천할 수 있어 기쁘다.

이 책에서는 강력하고 선별된 회고의 안티패턴과 각 패턴을 피하는 방법을 소개한다. (이는 모든 퍼실리테이터에게 친숙한 패턴일 것이며 내게도 친숙한 패턴이다.) 아이노가 공유하는 이야기들은 단순한 팁이나 기법에 그치지 않는다. 이 책을 주의 깊게 읽는다면 금광을 발견하게 될 것이다. 아이노의 경험과 효과적인 퍼실리테이션 자료, 다양한 힌트는 안티패턴에 빠져 허우적대고 있을지 모를 여러분과 팀을 탈출구로 안내할 귀중한 도구다.

책을 펴고 안티패턴을 파헤쳐라. 여러분이 자주 접하는 패턴과 해결 방법을 익혀라. 아이노가 제안하는 해결책을 이용해 다음 회고를 계획하고 결과를 개선하라. 노력은 만족을 선사할 것이다.

여러분의 회고에 행운이 가득하길!

다이애나 라센 Diana Larsen
『애자일 회고』(인사이트, 2008) 공동 저자
애자일 플루언시 프로젝트 LLC 공동 창업자 및 최고 연결자

지은이 소개

아이노 본 코리Aino Vonge Corry(Aino@metadeveloper.com)

독립 컨설턴트이며 애자일 코치로도 활동한다. 2001년 컴퓨터 과학Computer Science 박사 학위를 받은 후 10여 년간 학계에서 연구자와 교수가 되는 길과 업계에서 교수이자 퍼실리테이터가 되는 길 사이에서 방황했다. 메타디벨로퍼Metadeveloper를 창업하면서 고민의 쳇바퀴를 끊을 수 있었다. 메타디벨로퍼는 CS 교육으로 개발자를 양성하고 CS 교수법을 교육하며 IT 콘퍼런스에 연사들을 초대하는 등 다양한 방법으로 소프트웨어 개발을 촉진했다. 어릴 때는 수학 교사가 되고 싶었지만 이후 커뮤니케이션과 퍼실리테이션의 세계, 그중에서도 소프트웨어 업계에 이끌렸다. 지난 15년 동안 퍼실리테이션을 수행하는 과정에서 저지를 수 있을 만한 실수는 모두 저질렀다. 그간의 경험을 바탕으로 한 실수 이야기와 해결책을 공유함으로써 회의를 퍼실리테이션하고자 하는 사람들에게 따뜻한 경고와 가이드를 제공한다.

스톡홀름Stockholm과 케임브리지Cambridge에서 지내다가 현재는 덴마크의 아후스로 돌아와 가족 그리고 점점 늘어만 가는 봉제 두족류 인형들과 시간을 보내고 있다.

트위터(@apaipi)나 metadeveloper.com에 방문해 보라.

감사의 글

먼저 남편 에릭 코리^{Erik Corry}에게 감사를 전한다. 에릭은 끝까지 날 믿어줬으며 몇 개월 동안 수입이 없었는데도 집필에 집중하도록 도와줬다. 끈기 있게 내가 쓴 원고 전체를 꼼꼼하게 살펴봐 주기도 했다. 이렇게 했음에도 책에 오류가 발견된다면, 그건 분명 떠돌이 우주 광선이 컴퓨터에 부딪힌 탓이다. 너무나 멋지고 흥미로운 세 아이 마야^{Maja}, 소푸스^{Sophus}, 베라^{Vera}에게도 고마움을 전한다. 너희가 집 안일을 도와준 덕분에 집필할 시간을 얻을 수 있었단다.

마이 스코우 윌보그^{Mai Skou Wihlborg}에게도 감사를 전한다. '작가의 감옥'이라는 자신의 별장에 나를 가두고 먹을 것을 챙겨 줬기에 글쓰기에 집중할 수 있었다.

카리 라이 쇼가드^{Kari Rye Schougaard}, 사이먼 헴 페더슨^{Simon Hem Pedersen}, 헨릭 매드센^{Henrik Medsen}, 야곱 로즈가드 퍼치^{Jakob Roesgarrd Færch}에게도 감사를 전한다. 이 책 기획 초기에 내 아이디어에 귀를 기울이고 개선 아이디어를 제안해줘서 정말 고맙다.

덴마크 아후스에 있는 깔끔한 커피숍, 호스 소피스 포럴드레^{Hos Sofies Foraældre}에도 감사를 표한다. 그곳에서 디카페인 카푸치노를 마시거나 프라이와 칠리 마요를 곁들인 황홀한 버거를 먹는 죄책감 가득한 기쁨을 느끼며 이 책의 대부분을 썼다.

피어슨^{Pearson}의 편집자 그렉 돈치^{Greg Doench}와 멘카 메타^{Menka Mehta}는 출간에 필요한 수많은 이슈를 살펴보는 데 도움을 줬다. 피어슨에 나를 소개해 준 마틴 파울러^{Martin Fowler}에게도 감사를 전한다.

이 책을 리뷰하고 귀한 피드백을 준 개리 하비^{Gary Harvey}, 그레고 호프^{Gregor Hohpe},

헨릭 버박 크리스텐센^{Henrik Bærbak Christensen}, 지미 닐슨^{Jimmy Nilsson}, 요셉 펠린^{Joseph Pelrine}, 유타 엑스타인^{Jutta Eckstein}, 칼 크루코^{Karl Krukow}, 린다 라이징^{Linda Rising}, 토비 코발리스^{Toby Corballis}에게 감사를 전한다. 여러분의 도움으로 이 책이 놀랍게 개선됐다. 테레세 한센^{Therese Hansen}은 RFG 2019에서 완성되지 않은 책을 다른 참여자에게 공유하도록 독려했으며, 긍정적인 반응에 힘입어 이 책의 초판을 린펍^{Lenpub}에 공유할 수 있었다.

니콜라 코락^{Nikola Korać}은 내가 상상했던 것보다 훨씬 멋진 삽화로 내 아이디어를 표현해줬다.

마지막으로 회고를 싫어하고 피하며 때로는 때려 부수고 싶어 하는 여러분 모두에게 감사를 전한다. 여러분이 아니었다면 이 책이 존재하지 못했을 것이다.

옮긴이 소개

김모세(creatinov.kim@gmail.com)

대학 졸업 후 소프트웨어 엔지니어, 소프트웨어 품질 엔지니어, 애자일 코치 등 다양한 부문에서 소프트웨어 개발에 참여했다. 재밌는 일, 나와 조직이 성장하고 성과를 내도록 돕는 일에 보람을 느끼며 나 자신에게 도전하고 더 나은 사람이 되기 위해 항상 노력한다. 저서로『코드 품질 시각화의 정석』(지앤선, 2015)이 있으며, 옮긴 책으로『애자일 컨버세이션』(에이콘, 2021), 『제대로 배우는 수학적 최적화』(한빛미디어, 2021), 『그림으로 공부하는 TCP/IP』(제이펍, 2021), 『파이썬 머신러닝 실무 테크닉 100』(제이펍, 2021) 등이 있다.

11

옮긴이의 말

여러분 모두 한 번 정도는 '회고'에 참여한 경험이 있을 것입니다. 어쩌면 '회고'를 진행한 경험이 있을지도 모르겠습니다(여기서 말하는 회고는 한 달이나 분기 혹은 한 해를 보낸 뒤 진행하는 혼자만의 회고가 아닌 업무 현장에서 팀 단위로 진행하는 회고를 말합니다).

retrospective^{회고}의 어원은 '돌아보다'라는 의미의 라틴어 'retrospectare'에 있습니다. 과거에 일어났던 이벤트나 여러분이 만들어 낸 결과물을 살펴보면서 앞으로의 일을 계획하는 과정입니다. 다시 말해 가설을 세우고 실험을 설계하고 결과를 분석하고 적응하는 가장 좋은 방법이기도 합니다. 현대와 같이 변화무쌍한 시기에 요구되는 단기간 피드백 루프에 회고만큼 적합한 활동은 없습니다.

잠시 눈을 감고 회고에 대한 느낌을 떠올려 봅시다. 여러분이 참여하거나 진행했던 회고의 경험은 어땠나요? 혹은 여러분이 진행했던 회고의 경험은 어땠나요? 긍정적인 느낌으로 가득한 회고도 있었을 것이고, 명확히 설명하긴 어렵지만 무언가 부정적인 느낌으로 가득한 회고도 있었을 것입니다. '정말 보람된 시간이었다'라는 느낌을 주는 회고가 있었는가 하면, '할 일이 태산인데 시간만 허비했다'라는 느낌을 주는 회고도 있었을 것입니다. 이렇듯 느낌이 다른 이유는 무엇일까요?

회고에는 많은 요소와 역동이 작용합니다. 그 어떤 회의나 미팅보다 참여자 서로에 대한 이해와 배려, 올바른 마음가짐, 적극적인 태도, 이슈나 문제를 해결하고 더 좋은 팀을 만들겠다는 강한 의지가 필요합니다. 이런 요소 중 하나라도 부족하면 회고의 효과는 물론 필요성도 낮아지게 됩니다. 그렇기에 한두 사람의 노력만으로는 훌륭한 회고를 만들기 어렵습니다.

이 책에서는 패턴과 안티패턴 형식을 빌려 더 나은 회고를 만들어 내는 여러 요소를 소개하고, 각 요소를 강화하고 발전시키는 방법을 소개합니다. 회고의 퍼실리테이터를 위한 책이지만, 사실 팀의 누구라도 퍼실리테이터가 될 수 있습니다. 회고는 회의가 아닌 협업이며 회고의 진행자와 참여자 모두 더 나은 회고와 더 나은 팀을 만들어야 할 책임을 공유하기 때문입니다. 이 책은 회고를 설명하지만 일반 회의에서 활용할 수 있는 많은 아이디어도 담겨 있습니다. 이례적인 코로나 팬데믹으로 직접 만나서 소통하기가 더욱 어려워진 지금, 이 책이 여러분의 업무와 생활에 더욱 멋진 소통을 만들 수 있도록 도움을 줄 것입니다.

여러분의 회고에 축복이 함께하기를!

차례

들어가며

이 책은 여러분을 위한 것이다

아주 오랫동안 여러분을 위해 이 책을 쓰고 싶었다. 집필에 시간이 너무 많이 걸린 나머지, 가족들은 물론 친구들의 농담거리가 될 정도였다.

상상해 보자. 어느 날 저녁 여러분은 소파에 앉아 있다. 회고 퍼실리테이터로서의 모든 경험에 두려움을 느꼈다면 이 고통을 누군가와 나누고 싶을 것이다. 이 책은 그런 상황에 처한 여러분을 위한 것이다. 내가 해 온 실수가 무엇이었는지, 그리고 실수의 패턴에 관해 책을 쓸 수 있을 정도로 얼마나 많은 실수가 반복되는 것을 봤는지 이야기할 것이다.

그 패턴들을 안티패턴^{Antipattern}으로 명명했다고 해서 기죽거나 실망하지 않길 바란다. 안티패턴을 해결할 방법도 함께 알려줄 것이다. 해결책은 대부분 다음 회고 계획을 바꾸는 것을 포함한다. 예를 들면 특정한 한 가지 액티비티를 수행하는 이유를 설명해야 한다는 것을 기억할 수 있는 방법을 다룰 것이다. 실제 회고 진행 과정에서 일어나는 이벤트에 대응해야 하는 즉각적인 해결책도 포함된다. 회고 참여자들이 침묵을 지키고 있을 때 입을 열도록 독려하는 방법 같은 것들이다.

이 책을 읽으면서 내가 설명하는 안티패턴, 즉 회고를 준비하면서 나타나는 대부분의 안티패턴이 다른 유형의 회의에서도 동일하게 나타날 수 있음을 깨닫게 될 것이다. 안티패턴의 해결책은 여러분이 퍼실리테이션하는 모든 종류의 회의에 적용할 수 있다. 어떤 회의든 퍼실리테이터가 있기 때문이다. 그렇지 않은가? 유타 엑스타인^{Jutta Eckstein} 또한 『Retrospectives for Organizational Change^{조직 변화를 위한} ^{회고}』(Createspace, 2014)에서 회고의 구조를 정기적인 팀 체크인^{Check-in} 이상으로 일 반화해 이용할 수 있다고 언급했다. 유타는 회고가 (회고의 개념을 설명할 때 자주 예 로 드는) 스크럼 팀을 뛰어넘어 조직 전체를 개선하는 데 어떻게 도움을 주는지 설 명했다.

퍼실리테이션 비즈니스에 이제 막 발걸음을 내디뎠다면 이 책이 많은 도움이 될 것이다. 앞으로 만나게 될 수많은 어려움을 미리 알 수 있기 때문이다. 농담처럼 들릴지도 모르겠다. 하지만 우리는 실제로 필요하다고 느끼기 전에는 아무것도 배우지 못한다. 여러분 또한 실수를 저지른 후에야 고마움을 느끼게 될 것이다. 책을 읽는 지금은 이렇게 말하며 웃어넘길지도 모르겠다. "정말 그녀가 그런 일을 했다고?" "대체 왜 이걸 좋은 아이디어라고 하는 걸까?" 아무래도 좋다. 웃음은 중요하다. 이 책이 그만큼의 값어치는 할 것이다.

이 책이 세상에 나오기까지

2000년대 초반, 나는 덴마크 아후스^{Denmark Aarhus}에서 열리는 (현재는 GOTO로 알려 진) JAOO 콘퍼런스^{JAOO Conference} 공동 조직자이자 프로그램 총괄 지휘자였다. 린 다 라이징^{Linda Rising}은 초대 연사 중 한 명이었다. 매리 린 만스^{Mary Lynn Manns}와 함께 『Fearless Change^{거침없는 변화}』(Pearson PTR, 2015)를 집필했으며, 놈 커스^{Norm Kerth}가 쓴 세미나 관련 서적인 『Project Retrospectives^{프로젝트 회고}』(Dorse House, 2007)를 소 개했다. 린다 라이징의 강연을 즐겨 들었던 내게 이번 이야기는 더욱 특별했다. 회고라는 아이디어에 고무됐고, 그것이 고객의 조직과 우리 회사에 유용할 것임 을 알았다. 콘퍼런스 후 읽은 책도 나를 실망시키지 않았기에 2007년부터 몇몇 회 고를 퍼실리테이션하기 시작했다.

다음 단계는 다이애나 라센^{Diana Larsen}이 가르치는 퍼실리테이션 교육 과정에 참여하는 것이었다. 이때 난 가능성과 도전에 눈을 떴다. 다이애나의 덴마크 교육 과정을 보조하는 행운을 얻으면서 배울 때보다 가르칠 때 더 많이 학습할 수 있음을 알게 됐다. 그 후 개인과 팀이 반영하고 학습하도록 돕는 아이디어에 매료되면서 더 많은 회고를 퍼실리테이션하기 시작했다. 처음에는 IT 업계 동료를 대상으로, 나중에는 다른 기업과 기관으로 대상을 넓혔다. 지난 10년 동안 수십여 개 기업에서 수백 번의 회고를 퍼실리테이션했고 다양한 콘퍼런스, 긱 나이트^{Geek Nights}, 그리고 사람들이 도망갈 수 없는 환경이라면 어디에서든 회고에 관한 이야기를 했다.

수많은 책과 아티클을 읽었고 온·오프라인에 관계없이 다양한 프레젠테이션을 봤다. 여러 가지 액티비티도 배웠지만 훌륭한 회고 퍼실리테이터가 된다는 것이 특정한 액티비티를 활용할 줄 안다는 데 그치지 않음을 이해했다. 훨씬 많은 것이 필요했다. 비구어적 언어, 즉 보디랭귀지^{Body Language} 학습에도 많은 시간을 들였다. 『보디 랭귀지』(북스캔, 2005)를 통해 눈을 맞추고 악수하는 것의 중요성, 다양한 사람과의 관계 속에서 자신을 포지셔닝하는 효과에 대한 많은 인사이트를 얻었다. 회고 퍼실리테이션을 직·간접적으로 다룬 수많은 책을 읽으면서 영감을 얻었다. 이 책 뒷부분에 참고 문헌을 소개했다.

수년 동안 회고를 퍼실리테이션하면서 보고 들은 내용을 기록한 것은 나의 심각한 건망증을 잘 아는 남편의 아이디어였다. 검은색 작은 노트에 내가 시도한 기법을 기록했다. 그리고 팀이 앞으로 나아가는 데 도움이 되는 것과 어려운 상황을 피하는 데 필요한 것이 무엇인지 적었다. 즉흥적으로 논의의 방향을 바꿨을 때는 그 위에 몇 문장을 추가했다. 한 개발자 그룹의 논의를 생산적이고 유용하도록 올바른 방향으로 이끌어야 할 때면 노트를 펼쳐서 내가 무엇을 했고 어떤 효과가 있었는지 되새겼다. 장시간 앉아서 얘기하느라 몸과 맘이 지친 사람들을 움직이게 하는 우스꽝스러운 게임이나 신체 활동을 개발하고 발견했을 때도 기록으로 남겼다. 지금까지 기록한 회고 횟수는 296회이며 27개 기업, 68개 팀에서 이뤄졌다.

물론 노트에 기록하기 전에도 많은 회고 퍼실리테이션을 했다.

노트를 사용하기 시작하면서 내가 한 일 중 효과가 있는 것과 그렇지 않은 것을 상기할 수 있었을 뿐만 아니라, 지난 회고에서 팀이 결정한 여러 실험의 후속 조치도 취할 수 있었다. 또한, 모든 회고의 플랜 A와 플랜 B를 기록함으로써 한 회고에서 모든 계획을 한데 모아 조명하고 초기 작업에 관한 영감을 얻을 수 있었다. 과거의 성공과 실패를 기억에 의존해 끄집어내는 사람도 있겠지만 난 그러지 않았다. 온라인 회고 퍼실리테이션을 시작하면서 온라인 도구를 사용하게 돼 처음으로 노트에 기록하는 것을 잊어버렸다. 그다지 성공적이지 않았던 몇 차례의 온라인 회고 끝에 노트 기록이 여전히 유용함을 깨달았다. 노트에 기록하는 편이 전체 개요를 빠르게 확인하고 기억하는 데 커다란 도움이 되기 때문이다.

2013년 10월부터 쓰기 시작한 이 책은 앞서 설명한 나의 검은색 작은 노트에서 일부를 발췌한 것에 지나지 않는다. 이 책은 안티패턴에 관한 것이므로 잘못했던 내용을 중심으로 발췌했다. 사람들이 빠지기 쉬운 함정, 내가 저질렀던 실수들, 실수를 바로 잡아 함정에서 빠져나오려는 최고의 팁들이 담겨 있다. 회의 퍼실리테이션은 매번 새롭다. 새롭지 않다면 그 자체가 안티패턴이라는 반증이다. 회의를 유용하게 만드는 방법과 팀이 일을 잘할 수 있도록 하는 방법에 관한 학습을 멈추고 싶지 않다. 또한 골방에 박혀 코드만 만들려고 하는 다소 냉소적인 소프트웨어 개발자들에게 동료와 대화하는 데 약간의 시간을 내주면 무엇을 얻게 될지 보여주며 커다란 기쁨을 느낀다.

배움에는 끝이 없고 지금도 배우고 있지만 이제까지 배운 것을 공유하려 한다. 좋은 회고를 퍼실리테이션하는 방법에 관한 훌륭한 자료는 책이나 온라인에서 찾을 수 있다. 하지만 난 수년 동안 많은 사람이 같은 문제로 고군분투하는 것을 봐 왔다. 그렇기에 이 책은 안티패턴을 모은 형태로 만들어야 했다. 회고 퍼실리테이션은 쉽지 않다. 망치거나 덜 효율적으로 만드는 것이 훨씬 쉽다. 이런 점에서 안티패턴에 관한 책이 필요한 시점이라고 생각했다. 그렇지만 안티패턴의 부정적인 측면을 외면하지는 말라. 모든 안티패턴에는 나와 내가 도와준 팀에 효과가 있던 리팩터된 해결책^{Refactored Solutions}이 담겨 있다.

이 책에서 '리팩터된 해결책' 절을 읽을 때는 나의 제안을 적용하기 전에 여러분이 처한 컨텍스트를 기억해야 한다. 다이애나 라센은 내가 회고에서 무엇을 해야 할지 물을 때마다 이렇게 말했다. "그때마다 달라요." 컨텍스트에 따라 천차만별이라는 의미였다.

사전 지식

여러분이 회고와 퍼실리테이터 역할에 친숙하다고 가정한다. 생소한 개념이라면 회고에 관한 자료를 인터넷에서 찾아 읽어 보길 바란다. 『애자일 회고』(인사이트, 2008)도 읽어 보라.

책 중간중간 박스로 표시한 부분은 여러분이 잘 모르거나 잊어버렸을 만한 개념을 정리해 설명한 것이다. 각 개념을 잘 알고 있다면 건너뛰어도 된다.

회고란 무엇인가?

회고^{Retrospective}는 팀이 구조화된 회의로 과거를 반영하고 학습하는 기회다. 상황을 파악하고 현실에 적응하는 것이 주된 목적이다. **검사**^{Inspect}와 **적응**^{adapt}은 모든 애자일 프로세스의 핵심이며 『The Machine That Changed the World^{세상을 바꾼 기계}』(Simon&Schuster, 2007)에서 **카이젠**^{Kaizen}('개선'의 일본어 발음)이라는 일본어와 함께 널리 알려졌다. 현실에 대한 실질적 검사와 적응을 위해서는 사람들이 경험을 공유할 수 있을 정도의 신뢰 가능한 분위기를 만들어야 한다. 퍼실리테이터는 모든 참여자가 어떠한 형태로든 의견을 낼 수 있도록 보장해야 한다. 팀이 논의 또는 원인 분석 등 어떤 활동에 시간을 할애할지 함께 결정하도록 도와야 한다. 회고의 결과물은 주로 팀이 업무수행 방식을 개선하기 위해 시도해볼 수 있는 몇 가지 실험이다. 그게 아니라면 라센과 더비가 언급한 것처럼 회고는 '좋은 팀을 위대한 팀으로 만드는 것!'(2006)과 연관된다. 또한 팀원들이 각자 지난 회고 이후의 다양한 이벤트를 어떻게 경험했는지 공유하면서 서로를 명확하게 이해하는 시간이기도 하다. 아버지께서 생전에 종종 하시던 말씀이 떠오른다. "모든 것을 이해한다는 것은 모든 것을 용서한다는 것이지…."

회고의 5단계

회고에 대한 다양한 정의가 있지만 『애자일 회고』에서는 회고를 다음과 같이 5단계로 구분한다.

1. **무대 만들기**^{Set the Stage} : 퍼실리테이터는 신뢰할 수 있는 분위기를 만들고 모든 참여자가 의견을 낼 수 있도록 보장한다. 또한 지난 실험을 확인하고 회고를 위한 주제를 결정하며 회고를 시작하는 데 필요한 모든 태스크를 관리한다.

2. **자료 수집하기**^{Gather Data} : 팀은 약간의 시간을 할애해 회고에서 집중적으로 다룰 자료(실험, 이벤트, 테스트, 세일즈 등)를 수집한다.

3. **인사이트 만들기**^{Generate Insights} : 팀은 수집한 자료의 밑바닥에 있는 스토리와 그 너머에 있는 원인을 찾는다. 이 과정은 자유 토론이나 원인 분석 등으로 수행할 수 있다.

4. **할 일 결정하기**^{Decide What to Do} : 팀은 일하는 방식을 개선하기 위해 함께 수행해 볼 실험을 결정한다.

5. **회고 마무리하기**^{Close the Retrospective} : 팀은 결정한 실험에 관한 후속 조치를 책임질 담당자를 결정한다. 퍼실리테이터는 회고에서 일어났던 일을 정리하고, 가치가 있다고 판단하면 회고에 관한 평가를 제공한다(회고에 대한 회고).

진행 시간이 짧은 스프린트 회고에서는 위의 5단계를 모두 수행하기에 시간이 부족하다는 이야기를 자주 듣는다. 그러나 이런 사고방식은 성숙하지 못한 의사 결정으로 이어진다. 이는 1장, '운명의 수레바퀴'에서 자세히 설명한다.

패턴이란 무엇인가?

패턴Pattern이란 반복해서 일어나는 문제에 관한 추상적인 해결책이다. 패턴은 경험을 문자 형태로 전달하는 수단이다. 이 용어는 디자인, 프로그래밍 등 패턴이 해결책을 기술하기 위해 사용되는 모든 도메인에서 공통으로 사용한다. 패턴은 한 조직에서 업무가 수행되는 방식을 기술하는 방법의 하나다. 패턴은 해결해야 하는 문제를 정의하는 컨텍스트와 힘, 패턴 해결책, 해당 패턴을 적용해서 얻을 수 있는 이익과 결과에 관한 묘사를 포함한다. 또한 다른 패턴들을 참조해 패턴의 결과가 다른 패턴에서 발견된 해결책의 도움을 받기도 한다.

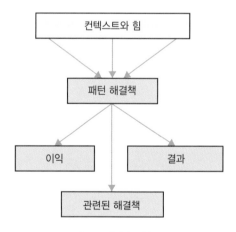

그림 P.1 패턴의 구성 요소

패턴의 개념은 건축가 크리스토퍼 알렉산더Christopher Alexander의 공저인 『패턴 랭귀지』(인사이트, 2013)에 기원을 두고 있다(원서인 『A Pattern Language』는 1977년에 발간

됐다). 10여 년 후 켄트 벡Kent Beck은 「스몰토크 보고서Smalltalk Report」의 한 아티클 '패턴 랭귀지에 관한 짧은 소개A Short Introduction to Pattern Language'(1993)에서 패턴의 개념을 소프트웨어에 도입했는데, 이는 커뮤니케이션에 중점을 둔 것이었다. 그로부터 2년 후 이 개념은 『GoF의 디자인 패턴』(프로텍미디어, 2015)을 통해 널리 알려졌다(원서인 『Design Patterns』은 1995년에 발간됐다). 이 책의 저자를 한데 모아 '갱 오브 포Gang of Four'라고 부르기 때문에 현재 GoF 책으로 알려져 있다.

옵저버Observer, 컴포지트Composite, 전략Strategy 등의 패턴을 활용하면 디자인이나 개념을 기초부터 설명하지 않아도 패턴 이름을 참조할 수 있어 유용하다. 인지 패턴Cognitive Pattern과 인지 자동화Cognitive Automation를 통해 동작하는 우리 뇌에 패턴은 특히 효과적이다. 무언가를 학습할 때 새로운 지식과 관련된 세부 사항은 인지 패턴으로 장기 기억에 '달라붙는다'. 여러분이 어떻게 행동해야 할지 학습한 상황임을 인식하도록 돕는 인지 패턴과 패턴 대응 방식에 대한 인지 자동화가 뇌에 저장된다. 내가 학습에 관해 알고 있는 대부분을 내게 알려줬던 이전 관리자인 마이클 캐스퍼센Michael Caspersen은 그의 박사 학위 논문(Caspersen, 2007)에 뇌의 인지 패턴과 인지 자동화에 관한 많은 예시와 레퍼런스를 담았다.

소프트웨어 패턴을 중점적으로 다뤘던 내 박사 학위 논문(Cornils, 2001)[1]을 통해 난 늘 사물 속에서 패턴을 본다는 것을 알게 됐다. 사람을 볼 때도 마찬가지다.

---

1   눈치 빠른 독자는 논문에 쓰인 이름이 이 책에서 본 내 이름과 다름을 알아차렸을 것이다. Cornils는 첫 번째 남편의 이름이자 당시 내 이름이었다. 공교롭게도 이 또한 안티패턴이다. 이름을 바꾸지 말라! 적어도 출간한 뒤에는….

안티패턴이란 무엇인가?

안티패턴^{Antipattern}은 경험을 기술하는 방법이다. 안티패턴의 개념은 윌리엄 브라운^{William J. Brown}의 공저 『AntiPatterns^{안티패턴}』(Wiley, 1998)에 처음 등장했다. 여기에서는 빈번하게 발생하는 결과가 이익을 훨씬 뛰어넘는 문제에 대한 해결책을 기술했다.

이 책에서 설명하는 안티패턴은 퍼실리테이터가 올바른 무언가를 하는 데 필요한 충분한 지식, 시간 혹은 기회가 없어서 발생한 결과를 의미한다. 어떤 퍼실리테이터는 특정한 시점에서 해결책이 작동했을 수도 있다. 그룹 구성원의 커뮤니케이션 방식이 다르거나 구성원끼리 더 잘 알고 있기 때문일 것이다. 하지만 새로운 컨텍스트에서는 기대와 달리 전혀 동작하지 않는다.

안티패턴의 예시를 두 가지 더 소개하겠다. 상당히 오래된 첫 번째 안티패턴은 유명한 재앙을 일으켰다. 1912년 4월 14일 늦은 저녁, 타이타닉호^{RMS Titanic}가 빙산에 부딪혔다. 다음날 새벽, 타이타닉호는 깊은 바다로 가라앉았고 승객과 승무원을 포함해 2,224명의 승선자 중 1,500명 이상 목숨을 잃었다. 타이타닉호가 가라앉은 원인을 이해하려면 재앙으로 이어지는 수많은 요소를 세밀하게 살펴봐야만 한다. 집중해서 살펴보고자 하는 안티패턴은 '충분한 정보를 보유하지 못한 상급자(명령) 따르기'다. 위키피디아^{Wikipedia}에서 **상급자 명령**^{superior orders}을 검색하면 다음과 같은 내용을 찾아볼 수 있다. '상급자 명령. 종종 뉘른베르크 방어, 법적 명령, 맹목적 명령 복종, 혹은 독일어로 **Befehel ist Befehl**('명령은 명령이다'라는 의미)라고 불리며, 군인이든 법률 집행자든 소방관이든 일반 시민이든 관계없이 상급자 혹은 상급 기관의 명령에 따라 행동한 것으로 인해 법정에서 유죄로 간주되면 안 된다.' 이 안티패턴은 타이타닉호의 이야기를 포함해 시대와 장소를 불문하고 발견됐다.

타이타닉호에는 마르코니 와이어리스 텔레그래프 컴퍼니^{Marconi Wireless Telegraph}

Company(이하 마르코니 컴퍼니) 소속의 무선 라디오 운영사 두 명이 근무 중이었다. 두 운영사는 마르코니 컴퍼니가 제공하는 무선 통신 서비스를 시연하기 위해 타이타닉호 승객들의 메시지를 육지에 있는 가족이나 친구에게 전달하는 임무가 있었다. 마르코니 컴퍼니는 승객에게 전달하는 메시지 수에 따라 요금을 받았기 때문에 수입을 늘리기 위해 선박들 사이의 메시지보다 승객들의 메시지 전달을 우선시했다. 출항 직후부터 빙산에 관한 경고 메시지를 받았고 이를 브리지로 전달했다. 불행히도 라디오 운영사들은 회사의 명령을 따르는 데 정신을 쏟은 나머지 브리지로 전달했어야 할 몇몇 메시지를 빠뜨렸다. 무선 운영사들의 상급자는 선장이 아닌 마르코니 컴퍼니의 소유주였다.

이런 상황 탓에 그날 오후 9시 40분, 타이타닉호와 같은 바다를 항해 중이던 메사바Mesaba호에서 보낸 빙하 경고 메시지가 브리지에 전달되지 않은 것이다. 오후 10시 55분, 근처에 있던 또 다른 여객선 캘리포니안Californian호가 얼음에 둘러싸여 항해를 멈췄다는 메시지를 전달했다. 하지만 타이타닉호에 있던 무선 운영사 중 한 명은 승객들의 메시지를 다루느라 정신이 없는 판에 자신을 방해한다며 도리어 캘리포니안호에 핀잔을 줬다. 결과적으로 타이타닉호 선장은 얼음의 상황이 예상보다 훨씬 나빠졌다는 경고를 전혀 받을 수 없었기에 전속력 항해를 계속했다. 오후 11시 40분, 갑판 선원이 빙산을 발견한 뒤에야 타이타닉호는 진행 방향을 바꿀 수 있었다. 브리지 선원들이 타이타닉호의 항로를 바꾸기 시작했지만, 워낙 큰 덩치에 빠른 속도로 움직이던 타이타닉호는 빙산과 부딪혔고, 빙산은 타이타닉호의 측면을 찢었다. 그 뒤 벌어진 일은 모두가 알고 있는 대로다.

특정 컨텍스트에서의 패턴이 다른 컨텍스트에서는 안티패턴이 되는 것을 자주 볼 수 있다. 타이타닉호 사례에서 두 명의 무선 라디오 운용사는 상급자의 명령을 따라야 했다. 하지만 컨텍스트가 바뀐 것을 알았다면, 즉 배가 위급한 상황에 있다는 것을 알았다면 덮어 두고 상급자의 명령을 따르지 않았어야 했다. 그렇게 한 것이 안티패턴이다.

시간이 지나면서 기술과 프로세스의 변화와 개선에 따라 패턴이 안티패턴으로 변하기도 한다. 더 나은 해결책이 기존의 좋은 해결책을 대체하면 기존의 해결책은 반복해서 일어나는 문제에 좋지 않은 해결책이 된다.

두 번째 사례는 마이크로서비스Microservices 패턴이다. 이 패턴은 2014년 마틴 파울러Martin Fowler와 제임스 루이스James Lewis가 설명한 디자인이다. 여기서 개발자들은 일련의 작은 서비스를 만들고 각 서비스는 자체 기능을 지닌다. 마이크로서비스 패턴은 유지보수가 가능하고 유연하며 탄력적인 소프트웨어 구조이므로 얇게 썰어진 빵(그리고 디자인 패턴) 이후 최고의 디자인으로 각광을 받았다. 이 패턴은 독립적으로 배포 가능하며 재사용할 수 있는 컴포넌트의 개발을 촉진했고, 개발자들은 확장 가능한 시스템을 만들 수 있었다. 이와 같은 성공을 바탕으로 많은 모놀리식Monolithic 시스템이 마이크로서비스 아키텍처로 탈바꿈하게 됐다.

그 후에는 패턴을 사용할 때 자주 벌어지는 일들이 일어났다. 패턴을 과도하게 사용한 것이다.[2] 조직 내 시스템 유지보수에 필요한 전문성이 부족하거나 마이크로서비스 구현으로 이익을 얻는 도메인이 아닌 경우, 또는 서비스 사이에 잘 정의된 경계가 존재하지 않는 경우 마이크로서비스는 부정적인 결과를 야기할 수 있다. 마이크로서비스 아키텍처의 주요한 결과는 복잡성의 증가다. 잘못 구현되면 시스템은 작고 잘 정의된 마이크로서비스들의 집합이 아닌 복잡한 모놀리스Monolith가 된다. 확장성, 독립성, 재사용성과 같은 기대했던 것이 사라질 뿐만 아니라 잘못된 컨텍스트에서 사용되는 경우 마이크로서비스 패턴은 안티패턴이 된다. 패턴이 사용되는 컨텍스트가 중요하다. 특정한 패턴 해결책을 적용할 수 없는 상황에 그 패턴을 적용하면 안티패턴이 된다.

---

2   GoF 책에서 설명한 싱글톤 패턴(Singleton Pattern)은 과도한 패턴 사용의 훌륭한 예시다.

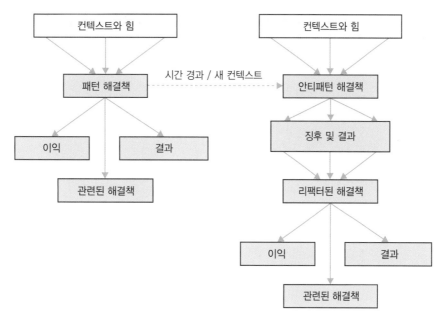

그림 P.2 패턴을 잘못된 컨텍스트에 적용하면 안티패턴이 된다

올바르게 설명된 안티패턴은 일반적인 설명, 해당 징후로 이어지는 요소의 목록과 각 요소를 인식하는 방법, 기존 해결책이 낳은 결과, 현재 발생한 문제를 해결하는 방법 혹은 다음에 더 잘할 수 있는 리팩터된 해결책을 포함한다.

모든 패턴에는 결과가 있다. 몇몇 상황에서는 특정한 패턴 하나를 사용하는 것이 좋은 아이디어일 수 있지만, 같은 패턴이 안티패턴이 되는 상황도 있다. 패턴을 사용하고자 한다면 컨텍스트에 따른 함축적 의미^{context-dependent implications}를 이해해야 한다. 그래야 안티패턴 해결책의 부작용을 포함해 전체적인 그림을 그릴 수 있다. 패턴과 마찬가지로 안티패턴 또한 누군가가 발명한 추상적인 이론이 아니라 자주 발생하는 좋지 않은 해결책에서 발견한 일련의 인과 관계다.

이 책을 읽으면서 회고를 진행하는 도중에 안티패턴이 일어날 때(혹은 일어나기 전에) 그것을 인식하는 방법을 배울 것이다. 이 책을 쓰면서 세운 목표는 내가 수없이 저질렀던 실수를 여러분이 피하도록 돕는 것이다.

경험이 많은 회고 퍼실리테이터인 여러분은 이 책에서 설명한 다양한 패턴과 각 패턴을 다루는 방법을 이미 알고 있을지도 모른다. 하지만 이 책은 패턴에 대해 다른 사람들과 논의할 수 있도록 어휘를 제공하며 안티패턴에 빠져 있는 시점을 쉽게 인지하도록 도울 것이다. 동료들과 (안티)패턴을 공유하라. '운명의 수레바퀴', '제1원칙 무시Prime Directive Ignorance'와 같은 멋진 이름은 여러분과 팀이 패턴에 빠져들어 갈 때 더욱 쉽게 인식하게 도울 것이다.

마지막으로 **샤덴프루데**Schadenfreude[3]를 위해 이 책을 읽을 수도 있다. 오리지널 안티패턴 책인 『AntiPattern』의 공동 저자였던 나는 책이 출간됐을 때 프레젠테이션에서 이렇게 말했다. "(저의) 행복은 좋습니다. 그러나 다른 사람의 불행이 훨씬 좋습니다."

이 책을 읽는 방법

문어(The Octopus)

바닷속 문어와 회고가 무슨 관계가 있는지 궁금할 것이다. 간단히 말해 아무런 관계도 없다. 짧게 대답하자면 그렇다는 것이다.

문어의 지능에 관해 배우면서 문어라는 대상에 푹 빠져들었다. 문어는 다른 문어가 트릭을 배워서 보상받는 것을 보며 트릭을 학습한다. 스스로 얻는 보상은 없다. 문어는 수족관을 넘어 바다로 이어지는 작은 파이프를 통해 기어서 나간다. 수족관 벽을 타고 기어 나와 바닥을 건너 다른 테이블에 기어오르고 또 다른 수족관으로 들어간다. 그 수족관의 모든 물고기를 꿀꺽 집어삼키고는 **아무 일 없었다는 듯** 원래 있던 수족관으로 돌아간다.

---

3   독일어 'Schadenfreude'는 다른 사람의 고통을 즐긴다는 의미다.

문어 뇌의 60%가 여덟 개 다리에 나뉘어 있다는 점이 가장 놀라운 부분이었다. 여덟 개의 작은 동물(즉, 발)은 각자 의지가 있음에도 나머지 부분과 전체로 움직이면서 동물의 왕국 안에서도 독특한 시너지를 낸다. 회고에서의 팀이 문어와 같다고 생각한다. 팀과 퍼실리테이터는 개인으로서 여전히 각자 집중하는 부분과 강점을 가진 채 공통의 목표를 향해 협업한다.

모든 안티패턴은 그 안티패턴의 핵심을 담은 문어 일러스트와 함께 설명한다. '인 더 수프In the Soup' 안티패턴의 경우 팀은 무거운 것을 들어 올리려 힘쓰지만, 너무 무거워서 들지 못한다. 팀이 해결하려는 '인 더 수프' 문제는 그들이 바꿀 수 없는, 그저 받아들여야 하는 문제이기 때문이다. '제1원칙 무시' 안티패턴에서 팀은 시스템의 오류와 실패를 찾으려 하기보다 한 사람을 비난하기 시작한다. '조롱당한 퍼실리테이터Disillusioned Facilitator' 안티패턴에서 팀은 스스로 우습다고 생각하는 액티비티를 시도하고자 퍼실리테이터를 이용한다.

이 책의 안티패턴 설명 양식

『AntiPatterns』에서 찾아낸 안티패턴 설명 양식literary form에 기반한 구체적인 형태를 이용해 내용을 쉽게 읽을 수 있도록 했다. 나중에 알게 된 것이지만 이 양식은 특정한 안티패턴일 때 훨씬 적합하다. 예를 들어 어떤 경우에는 징후가 명확하지만, 또 다른 경우에는 더욱 세세한 설명이 필요하기도 하다. 간결하게 설명하고자 여러분이 패턴에서 일반적으로 보게 되는 힘에 관한 내용은 제외했다. 내가 사용한 설명 양식에는 그 힘을 컨텍스트 및 그와 관련된 컨텍스트 설명 부분에 포함했다. 힘에는 조급함, 의견 주장, 적은 인원 등이 포함될 수 있다.

> 이름Name: 패턴의 이름은 중요하다. 이름으로 회고에 관한 어휘를 확장하며 동료들과 효과적으로 커뮤니케이션할 수 있다. 대상에 이름을 붙임으로써 많은 개념과 과정 또는 조건을 간결하게 구성할 수 있고, 뇌가 관련 요소들에 빠르게 접근할 수 있게 된다는 점은 대단히 흥미롭다.

컨텍스트Context: 이 책은 모 덴마크 기업의 회고 퍼실리테이터의 학습 여정을 그리는 방식으로 썼다. 이야기와 등장인물은 나중에 소개하겠다. 지금은 모든 안티패턴이 우리 현실에서 찾을 수 있는 컨텍스트에 관한 설명을 포함한다는 것 정도만 알아도 충분하다.

일반 컨텍스트 General Context: 안티패턴이 일어났을 때 여러분이 처한 환경, 문제의 원인에 관한 설명, 안티패턴 해결책을 적용하고자 하는 조급함에 관해 다룬다. 이는 여러분이 안티패턴 해결책을 실행하고자 하는 유혹을 느낄 수 있는 상황을 설명하기에 더 일반적인 방법이다.

안티패턴 해결책 Antipattern Solution: 앞에서 설명한 문제에 기반해 선택된 경로에 관해 설명한다. 교육, 과거 경험, 시간 제약, 용기 부족, 명령 준수 등에 의해 그 시점에서는 안티패턴이 해결책처럼 보인다. 그것이 주어진 컨텍스트 안에서 부정적인 결과로 연결되지 않으면 올바른 해결책일 수도 있다. 여러분이 안티패턴 해결책을 선택해 상황을 끝낼 수 있음을 알아챘다면 내가 과거 저질렀던 수많은 실수 중 일부는 피할 수 있을 것이다. 안티패턴 해결책과 리팩터된 해결책을 혼동해서는 안 된다.

결과Consequences: 모든 해결책과 결정은 결과를 낳는다. 디자인 패턴에 관한 오리지널 『AntiPatterns』에서 저자들은 긍정적인 결과와 부정적인 결과들을 나열했고, 어떤 결과는 컨텍스트에 따라 다른 결과보다 중요했다. 안티패턴의 핵심은 그 해결책이 어떤 컨텍스트에서는 적합할 수 있지만 현재 컨텍스트에서는 부정적인 결과에 의한 영향이 이익보다 훨씬 크다는 점이다. 난 이런 결과 목록이 패턴을 다른 책에서 찾을 수 있는 단순한 방법론 혹은 처방들과 구분한다고 자주 말한다.

징후Symptoms: 징후는 여러분에게 특정한 회고 안티패턴이 발생하고 있다는 것을 알리는 표식이다. 회고 이외의 시간 또는 회고 중 여러분이 들을 수 있는 말, 관찰할 수 있는 행동 또는 느낄 수 있는 분위기 등이 징후에 해당한다.

리팩터된 해결책 Refactored Solution: 리팩터된 해결책은 현재 상황을 개선함으로써 여러분과 팀이 부정적인 결과보다 더 많은 이익을 얻게 해준다. 몇몇 안티패턴의 경우 그 상황이 일어난 상태에서는 리팩터된 해결책을 만들 수 없음을 알게 될 것이다. 이런 안티패턴이라면 다음 회고에서 이를 회피하는 방법만 얻을 수 있다.

온라인 측면 Online Aspect : 몇몇 리팩터된 해결책은 온 · 오프라인 환경에서 어려움을 극복하는 방법에 차이가 있다. 온라인상 많은 회고를 퍼실리테이션했으며 내가 사용하는 도구와 경험을 공유할 것이다.

개인적 일화 Personal Anecdote : 이 절에서는 안티패턴을 관찰했던 다양한 경험을 소개한다. 안티패턴이 발생하는 순간 이를 리팩터할 방법을 찾기도 하지만 때로는 다음 회고를 위한 교훈Lesson Learn이 되기도 한다.

안티패턴 개요

구조적 안티패턴(Structural Antipatterns)

회고의 구조와 관련된 문제, 즉 액티비티 선택 방법, 커뮤니케이션 흐름 퍼실리테이션 방법, 어젠다Agenda 변경을 통한 문제 해결 방법을 다룬다. 다음은 구조적 안티패턴이다.

운명의 수레바퀴Wheel of Fortune ...팀은 문제를 해결하는 대신 징후를 해결함으로써 성급하게 회고의 결론을 내리며, 퍼실리테이터는 각 팀원이 징후의 배경이 되는 원인을 찾는 데 시간을 사용하게 한다.

제1원칙 무시Prime Directive Ignorance ...팀원들은 제1원칙인 '우리가 찾아낸 게 무엇이든 간에 당시 우리의 지식, 스킬과 역량, 사용할 수 있는 자원, 주어진 상황을 활용할 수 있는 한 최선을 다했다는 점을 이해하며 실제로 그렇게 믿는다(커스Kerth, 2001)'를 무시한다. 이 원칙이 우스꽝스럽다는 것을 알기 때문이다. 퍼실리테이터는 성공적인 회고를 위해 이 마인드셋이 얼마나 중요한

지 모든 팀원에게 알려준다.

인 더 수프^{In the Soup} …팀원들은 스스로 바꿀 수 있는 권한 밖의 대상을 논의한다. 퍼실리테이터는 팀원들이 무엇을 바꿀 수 있는지 집중하게 하고 바꿀 수 없는 것을 받아들이게 한다.

시간 초과^{Overtime} …팀은 회고에서 팀 전체에 덜 중요한 개발 관련 문제를 이야기하며 한쪽으로 치우친다. 퍼실리테이터는 팀이 올바른 위치로 돌아오도록 돕는다.

수다^{Small Talk} …팀은 공유와 학습에 집중하지 않고 소그룹에서 단편적인 대화에 시간을 사용한다. 퍼실리테이터는 액티비티를 바꿔 팀 전체가 다시 협업하도록 한다.

열매 없는 민주주의^{Unfruitful Democracy} …팀 내 소수자에 관한 좌절로 민주주의를 통해 논의할 주제와 실행할 대상을 결정한다. 퍼실리테이터는 모두를 행복하게 만드는 다른 방법을 찾는다.

할 말 없음^{Nothing to Talk About} …현재 팀이 너무 좋기에 팀원들은 회고가 더는 필요하지 않다고 믿는다. 퍼실리테이터는 팀 개선을 지속할 방법을 학습할 수 있음을 보여준다.

정치적 투표^{Political Vote} …팀원들은 투표 시스템을 장악하기 위해 마지막 순간까지 투표하지 않고 기다린다. 퍼실리테이터는 투표 시스템을 공정하게 만들 방법을 찾는다.

계획 안티패턴(Planning antipatterns)

회고 계획과 관련된 문제를 다룬다. 회고에 누구를 초대하는가? 누가 회고를 퍼실리테이션하는가? 회고에 시간은 얼마나 필요한가? 스스로 계획 안티패턴에 빠졌다는 것을 깨달았다면 안타깝게도 이번 회고에서는 바꿀 수 없다. 다음 회고를 다른 방식으로 계획해야 한다.

팀, 정말? Team, Really? …팀 경계가 모호하며 팀원들은 회고에 누가 참여해야 하는지 고민하기에 바쁘다.

직접 해 Do It Yourself …퍼실리테이터는 여러 역할을 담당하는데, 이는 퍼실리테이터는 물론 회고에도 최적화되지 않은 것이다. 팀은 때때로 다른 퍼실리테이터를 찾는다.

지연사 Death by Postponement …팀이 '진짜 업무'를 하느라 바쁜 나머지 회고는 번번이 지연된다. 퍼실리테이터는 팀이 회고의 진정한 가치를 깨닫고 회고 또한 진짜 업무임을 알도록 돕는다.

끝장내기 Get It Over With …퍼실리테이터는 팀이 '낭비Waste'하는 시간을 줄이려고 회고를 가능한 한 서둘러 진행한다. 그리고 적절한 회고를 위해서는 논의를 위한 충분한 시간이 필요하다고 결론짓는다.

준비 무시 Disregard for Preparation …퍼실리테이터는 첫 온라인 회고에 준비가 얼마나 필요한지 잘못 판단한 후에야 회고를 현명하게 준비하는 방법을 학습한다.

질식 Suffocating …팀원들은 피곤하고 허기진 나머지 회고에 집중하지 못한다. 퍼실리테이터는 충분한 간식과 환기를 제공해 집중력을 끌어 올린다.

호기심 가득한 관리자 Curious Manager …관리자는 회고에서 일어나는 일이 궁금한 나머지 현장에 참여해 내용을 듣고 싶어 한다. 퍼실리테이터는 부드럽지만 확고하게 관리자의 참여를 막는다.

눈치 보기 Peek-A-Boo …팀원들은 온라인 회고에서 얼굴을 드러내지 않으려 한다. 퍼실리테이터는 이유를 이해하고 팀원들이 충분히 얼굴을 보일 만큼 안전한 환경을 조성할 방법을 찾는다.

인적 안티패턴(People antipatterns)

회고에 참여하는 사람들과 관련된 문제를 설명한다. 이 부류의 안티패턴은 말 그대로 갑자기 발생하기에 자주 기대할 수는 없다. 회고 참여자를 알고 있다면 이런 안티패턴을 깨닫는 데 도움이 되며, 리팩터된 솔루션을 활용해 이런 안티패턴에서 빠져나오거나 회피하는 데 도움을 얻을 수 있다.

> 조롱당한 퍼실리테이터 Disillusioned Facilitator ...팀은 퍼실리테이터가 우스꽝스러운 액티비티를 이용한다며 조롱한다. 퍼실리테이터는 해당 액티비티가 유용한 이유를 설명한다.

> 거대한 입 Loudmouth ...팀원 중 누군가가 자신의 의견을 쉴 새 없이 늘어놓는다. 퍼실리테이터는 다양한 기법을 사용해 다른 팀원들이 의견을 낼 수 있도록 한다.

> 침묵하는 사람 Silent One ...말을 거의 하지 않는 팀원이 있다. 퍼실리테이터는 다양한 기법을 사용해 침묵하는 사람이 의견을 제시할 수 있도록 해야 한다.

> 부정적인 사람 Negative One ...팀원 중 누군가의 태도가 회고 전체에 부정적인 영향을 크게 미친다. 퍼실리테이터는 부정적인 영향이 확산되지 않도록 다른 팀원들을 보호한다.

> 부정적인 팀 Negative Team ...팀은 부정적인 것들만 이야기하고 싶어 한다. 부정적인 것을 통해서만 학습할 수 있다고 생각하기 때문이다. 퍼실리테이터는 긍정적인 측면에 집중하는 것 역시 동등한 가치가 있음을 보여준다.

> 신뢰 결여 Lack of Trust ...팀원들은 서로를 충분히 신뢰하지 못하기 때문에 회고에서 중요한 것을 공유하지 못한다. 퍼실리테이터는 팀원들이 신뢰를 구축하도록 돕는다.

> 다른 문화 Different Cultures ...퍼실리테이터 또는 팀원들은 각자 속한 문화의 선입

관으로 다른 사람들이 회고를 경험하는 방식을 보지 못한다. 퍼실리테이터
는 회고 참여자들이 정렬될 수 있도록 방법을 찾는다.

죽음의 침묵 Dead Silence ...온라인 회고에서는 팀 전체가 침묵하는 일이 자주 일
어난다. 퍼실리테이터는 다양한 기법을 활용해 팀원들이 의견을 내도록 돕
는다.

이야기의 시작

타이타닉 소프트웨어 A/S[Titanic Softwære A/S]는 선박용 내비게이션 소프트웨어를 개발하는 가상의 덴마크 기업으로, 이곳에서 변화는 필수 요소다. 고객들은 잘못된 경로로 배를 인도하는 소프트웨어 버그, 만족스럽지 않은 소프트웨어 개발 속도에 관해 지속해서 불평하고 있다.

최고 기술 책임자[CTO, Chief Technology Officer]와 몇몇 개발자는 다른 업계의 선도 기업들이 각자 위치를 유지하기 위해 어떤 활동을 하고 있는지 알아보고자 콘퍼런스에 참여하기로 했다. 그리고 애자일 개발[Agile Development]이라는 새로운 접근 방식을 찾아냈다. 애자일 개발은 개발 속도를 높이고 결함을 줄이며 고객의 요구와 자신들이 개발하는 소프트웨어가 더욱 잘 정렬될 것을 약속한다. 다시 말해 이 새로운 접근 방식이 그들을 부와 행복으로 이끌 것이었다.

CTO는 스크럼 마스터[Scrum Master] 교육 과정에 모두가 참여하도록 했다. 작은 팀 하나를 들여다보자. 이 팀의 구성원은 보[Bo], 피터[Peter], 르네[Rene], 킴[Kim], 사라[Sarah], 안드레아[Andrea]로 총 여섯 명이다. 이전에 프로젝트 리더였던 사라는 스크럼 마스터가 되길 간절히 원했다. 이 역할에서 간절함은 중요한 특성이었기에 사라가 팀의 스크럼 마스터로 임명됐다.

애자일 방식에 맞춰 직책 또한 조정해야 했다. 비즈니스 분석가^{BA, Business Analyst}였던 피터는 프로덕트 오너^{PO, Product Owner}가 됐다. 스크럼 마스터인 사라에게는 다른 어떤 것보다 데일리 스탠드업^{Daily Standup} 회의가 원활하게 이뤄지도록 할 책임이 부여됐다. 데일리 스탠드업을 진행하는 동안 기업 내 다른 사람들과 논의해야 할 이슈가 생기면 해당 논의가 진행되도록 해야 하는 사람이 사라였다. 또한, 여러 세리머니^{Ceremonies}를 주관하는 사람으로서 팀이 정기적으로 회고를 하도록 해야 했다.

1부:
구조적 안티패턴

운명의 수레바퀴^{Wheel of Fortune} …팀은 문제를 해결하는 대신 징후를 해결함으로써 성급하게 회고의 결론을 내리며, 퍼실리테이터는 각 팀원이 징후의 배경이 되는 원인을 찾는 데 시간을 사용하게 한다.

제1원칙 무시^{Prime Directive Ignorance} …팀원들은 제1원칙인 '우리가 찾아낸 게 무엇이든 간에 당시 우리의 지식, 스킬과 역량, 사용할 수 있는 자원, 주어진 상황을 활용할 수 있는 한 최선을 다했다는 점을 이해하며 실제로 그렇게 믿는다(커스^{Kerth}, 2001)'를 무시한다. 이 원칙이 우스꽝스럽다는 것을 알기 때문이다. 퍼실리테이터는 성공적인 회고를 위해 이 마인드셋이 얼마나 중요한지 모든 팀원에게 알려준다.

인 더 수프^{In the Soup} …팀원들은 스스로 바꿀 수 있는 권한 밖의 대상을 논의한다. 퍼실리테이터는 팀원들이 무엇을 바꿀 수 있는지 집중하게 하고 바꿀 수 없는 것을 받아들이게 한다.

시간 초과^{Overtime} …팀은 회고에서 팀 전체에 덜 중요한 개발 관련 문제를 이야기하며 한쪽으로 치우친다. 퍼실리테이터는 팀이 올바른 위치로 돌아오도록 돕는다.

수다^{Small Talk} …팀은 공유와 학습에 집중하지 않고 소그룹에서 단편적인 대화에 시간을 사용한다. 퍼실리테이터는 액티비티를 바꿔 팀 전체가 다시 협업하도록 한다.

열매 없는 민주주의Unfruitful Democracy ...팀 내 소수자에 관한 좌절로 민주주의를 통해 논의할 주제와 실행할 대상을 결정한다. 퍼실리테이터는 모두를 행복하게 만드는 다른 방법을 찾는다.

할 말 없음Nothing to Talk About ...현재 팀이 너무 좋기에 팀원들은 회고가 더는 필요하지 않다고 믿는다. 퍼실리테이터는 팀 개선을 지속할 방법을 학습할 수 있음을 보여준다.

정치적 투표Political Vote ...팀원들은 투표 시스템을 장악하기 위해 마지막 순간까지 투표하지 않고 기다린다. 퍼실리테이터는 투표 시스템을 공정하게 만들 방법을 찾는다.

팀은 문제를 해결하는 대신 징후를 해결함으로써 성급하게 회고의 결론을 내리며, 퍼실리테이터는 각 팀원이 징후의 배경이 되는 원인을 찾는 데 시간을 쓰게 한다.

컨텍스트

사라는 첫 번째 회고를 계획하면서 시간이 부족함을 알았다. 회고를 위한 레시피를 찾아야 했지만, 회고 퍼실리테이션에 관해 알고 있는 지식은 스크럼 마스터 과정에서 학습한 것이 전부였다. 스크럼 마스터 과정에서는 스크럼 프레임워크 Scrum Framework의 모든 요소를 다루긴 했지만 내용이 워낙 광범위했기에 특정 주제를 깊이 다루지는 않았다. 회고 퍼실리테이션도 예외는 아니었다. 사라는 '시작하기-중단하기-지속하기 Start-Stop-Continue' 액티비티를 하기로 했다. 액티비티에서 팀은 새롭게 시작할 것, 중단할 것, 유지할 것에 대해 브레인스토밍을 한다. 사라는 이 액티비티를 회고의 핵심으로 사용했다. 그리고 '할 일 결정하기' 단계에서 팀은 서로 다른 세 가지 주제에 투표함으로써 새롭게 시작할 것, 중단할 것, 유지할 것을 찾아낸다.

시작하기-중단하기-지속하기(Start-Stop-Continue)

퍼실리테이터는 세 가지 포스터를 준비한다. 플립 보드(Flip Board)나 화이트보드를 사용할 수도 있다. 각 포스터에 '시작할 것(Start)', '중단할 것(Stop)', '유지할 것(Continue)'이라는 제목을 붙인다. 팀원 모두에게 포스트잇 노트와 펜을 나눠 준다. 포스트잇 노트의 색상이 같은 편을 선호하는 사람이 있는가 하면, 서로 다른 세 가지 색상(마치 신호등처럼)으로 구분된 편을 선호하는 사람도 있다. 포스트잇 노트를 보드에서 제거할 때도 선택에 대한 참조를 유지할 수 있기 때문이다. 퍼실리테이터는 각 포스트잇 노트 상단에 세 가지 제목(시작할 것, 중단할 것, 유지할 것)을 직접 쓰도록 요청할 수도 있다. 팀원들은 약 10분 동안 개인적으로 세 가지 제목과 관련한 내용을 포스트잇 노트에 기록한다. 그런 다음 포스트잇 노트를 보드에 붙인다. 팀은 노트를 기반으로 행동 결정 지점을 선택한다. 전체 과정은 퍼실리테이터, 포스트잇 노트에 담긴 내용, 팀원에 따라 달라진다.

사라의 첫 번째 회고에서 '더 많은 짝 프로그래밍'이라는 포스트잇 노트가 '시작할 것' 보드에 있었다. 모두에게 매일 3시간씩 수행하도록 일정을 짜면 해결되는 쉬운 문제다. 회고를 마친 뒤 팀원들은 모두 행복해했다. 하지만 다음 스프린트에서 짝 프로그램이 크게 늘지 않았음을 알았다. 첫 번째 주에는 보와 피터가 짝 프로그램을 했지만 새로 계획했던 15시간에는 미치지 못했다. 킴과 르네의 짝 프로그래밍 시간은 오히려 줄었다. 두 가지 상황 모두 불완전해 보였지만 누구도 이에 관한 이야기를 꺼내려 하지 않았다.

일반 컨텍스트

여러분은 회고 퍼실리테이터로서 회고가 실제로 일할 시간을 빼앗는다고 주장하는 사람들을 만나게 될 것이다. 이들은 모든 사람이 만족하려면 회고에 가능한 한 적은 시간을 써야 한다고 여러분을 설득할 것이다. 그 결과 신속하게 그리고 한꺼번에 모든 것을 해결할 수 있는 액티비티가 최선이라고 생각될 수 있다.

안티패턴 해결책

회고를 진행하는 가장 쉬운 방법은 '시작할 것', '중단할 것', '유지할 것'이라는 라벨이 붙은 세 개의 포스터를 세워 두는 것이다. 그런 다음 팀원들이 브레인스토밍을 하고 포스트잇 노트에 아이디어를 적어 적절한 포스터에 붙이도록 한다. 마지막 단계는 더 쉽다. 각 포스터에 붙은 아이템들을 라벨에 맞춰 처리하면 된다('시작할 것' 포스터의 아이템은 시작하고, '중단할 것' 포스터의 아이템은 중단하고, '유지할 것' 포스터의 아이템은 유지한다). 회고는 15분 정도면 마무리되며 팀은 '진짜' 업무로 돌아갈 수 있다. '더 해야 할 것Do More Of' 포스터를 추가했다 하더라도 팀원들은 재빠르게 자신의 자리로 돌아갈 수 있다.

솔직히 말해, 이 방식은 효과적인 회고를 위한 가장 쉬운 방법이 아니다. 팀이 한 회의실에 모인 뒤, 스크럼 마스터나 프로젝트 리더가 팀원들에게 변경할 점이 있는지 물어보고는 팀원들이 아무 대답도 하지 않으면 즉시 해산하는 회고(느슨한 의미의 회고)에 관한 이야기도 많이 들어봤다.

결과

이 안티패턴 해결책은 신속하게 회고를 수행할 수 있다는 장점이 있지만 이에 따른 부정적인 결과로 어려움을 겪을 수 있다. 가끔 (행운이 따른다면) 포스트잇 노트들이 실질적 문제를 나타내기도 한다. 팀은 문제를 해결할 요량으로 '중단할 것' 아이템은 중단하고 '더 많이 해야 할 것' 아이템은 더 많이 한다. 하지만 포스트잇 노트는 징후가 제공하는 것을 나타낼 뿐, 근본적인 변화가 필요한 더 큰 문제의 징후를 나타내지는 못한다. 근본적인 문제를 제거해 증상이 나타나는 것을 처음부터 막아야 한다.

타이타닉 소프트웨어 A/S의 이야기에서 팀원들이 더 많은 짝 프로그래밍을 하지 못한 이유가 스스로 내린 결정을 잊고 과거 습관으로 돌아간 것이라면 이 안티패턴 해결책은 잘 동작한다. 하지만 팀이 겪는 어려움은 더 흥미롭고 해결하기 어려운 문제의 징후일 수도 있다.

회고에서 문제의 원인을 탐색하는 데 시간을 좀 더 들였다면 팀은 스스로 더 많은 짝 프로그래밍을 하지 못한 이유를 찾아냈을지도 모른다. 어쩌면 개발자들이 짝 프로그래밍의 이점을 보지 못했거나 짝 프로그래밍을 원하냐는 질문을 받지 못했을 수도 있다. 짝 프로그램의 이점은 알고 있지만 대부분 내향적이어서 다른 동료에게 정보를 공유하기 전에 스스로 생각을 정리할 시간이 필요했을 수도 있다. 개발자들이 짝 프로그래밍 방법을 모르기 때문에 실제로 짝 프로그래밍을 시작하기 전에 방법부터 배워야 할 수도 있다. 이 작은 팀에서 르네는 다소 부정적인 **거대한 입**이고 김은 **침묵하는 사람**이며 팀에 심리적 안전함Psychological Safety이 부족할 수도 있다. 사람들에게 협업을 강요하는 것만으로는 이런 문제가 해결되지 않는다.

징후

"회고에서는 왜 항상 이 이야기를 하는 건가요?" 혹은 "회고는 쓸모없어요. 문제를 적은 포스트잇 노트의 색깔 말고는 변하는 게 없어요"와 같은 말이 들리기 시작한다면 **운명의 수레바퀴**에 빠지진 않았는지 고려해야 한다.

현실 속 운명의 수레바퀴처럼 바퀴를 돌린 결과가 때때로 거액의 상금일 수 있다. 수레바퀴가 문제의 징후가 아닌 실제 문제에서 멈춘다면 가능한 일이다. 하지만 이런 일이 실제 일어날 확률은 박람회에서 행운의 수레바퀴를 돌릴 때와 비슷하다. 결과적으로 이 안티패턴의 또 다른 징후는 회고에서 동일 이슈에 관한 논의가 계속되는 것을 듣는 것이다. 여러분이 문제를 실질적으로 해결하지 않고 임시 처방만 해뒀기 때문이다.

리팩터된 해결책

문제가 발생하면 자연히 그 문제를 해결하려는 유혹에 빠지기 쉬우며, 실제로 대부분의 개발자는 이렇게 하도록 훈련받았다. 안타깝게도 회고에서 드러난 이슈들이 즉시 이해되지 않는 때가 있으므로, 해결책을 이용하기 전에 시험을 해봐야만 한다. 데이터가 수집되면 문제의 원인이 될만한 요소들을 찾아야 한다. 이는 도입부에 소개한 것처럼 '인사이트 만들기' 단계라고 하며 매우 중요하기 때문에 생략해서는 안 된다.

이 단계에서는 여러 액티비티를 적용할 수 있다. 가장 간단한 방법은 해당 포스트잇 노트의 원인이 되는 스토리에 관해 질문함으로써 무엇이 그 이슈를 야기했는지 학습하는 것이다. 다른 액티비티로는 '피쉬본^{Fishbone}'(그림 1.1 참조)과 '5 하우$^{5\ Hows}$'가 있다. 과거에 나는 '5 와이$^{5\ Whys}$'라 불리는 인과 분석 액티비티를 이용했지만, 존 올스포$^{John\ Allspaw}$에게서 영감을 얻은 이후에는 '5 하우'를 이용한다.

5 하우(5 Hows)

특정 문제에 숨은 인과 관계(cause-and-effect relationship)를 탐색할 때 사용하는 반복적 질문 기법이다. '어떻게 이 일이 발생했는가?'라는 질문을 반복해 결함이나 문제의 근본 원인을 결정하는 것이 주요 목표다. 각 질문에 대한 답변은 다음 질문의 기반이 된다. 5라는 숫자는 문제 해결에 필요했던 반복 횟수에 관한 개인적 관찰에서 확인했다.

문제에는 하나 이상의 근본 원인이 있는 경우가 많다. 둘 이상의 근본 원인을 파악할 때는 질문의 순서를 바꿔 가면서 이 방법을 반복할 수 있다.
몇 차례의 질문을 해야 하는지, 또는 추가 원인을 분석하기 위해 질문을 얼마나 계속해야 하는지 엄격하게 규정하지는 않는다. 그러므로 이 방법을 충실히 따른대도 참여자들의 지식과 끈기에 따라 결과는 다르게 나타난다.

올스포는 '왜why'로 시작하는 질문은 한 문제에 관해 하나의 원인만 찾으려 하거나 비난거리를 찾으려는 시도로 이어질 수 있다고 설명한다(2014). 그러나 '어떻게how'로 시작하는 질문은 그보다 서사적인 원인으로 이어질 수 있다. 원인을 찾아야 할 때 비난의 대상을 찾는 것은 바람직하지 않으며, 소프트웨어 개발이나 팀워크처럼 복잡한 시스템에서 단 하나의 원인을 찾을 수 있다고 생각하는 것 역시 지나치게 낙관적이다. 이 방법은 개인 수준에서도 적용할 수 있다. 무언가 여러분이 의도한 대로 되지 않았을 때 '왜' 대신 '어떻게'로 시작하는 질문을 던져보라.

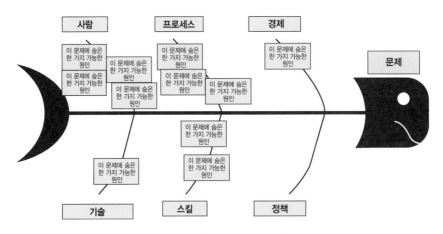

그림 1.1 다양한 원인을 발견하기 위한 피쉬본 액티비티

피쉬본(Fishbone)

인과 분석 액티비티의 하나다. 퍼실리테이터는 다양한 주제(예를 들어 사람, 프로세스, 경제, 기술 등)로 생선의 뼈를 그린다. 뼈들은 문제 뒤에 숨은 다양한 유형의 원인을 시각화한다. 다음으로 팀원들에게 각자 생각하는 다양한 원인을 포스트잇 노트에 기록한 뒤 생선 뼈 위에 붙이도록 한다. 이제 생선은 문제가 됐을 만한 다양한 아이디어를 보여준다. 아마도 여러분은 아이디어 다수가 특정한 영역(예를 들어 프로세스, 기술 등)에 모여 있음을 발견할 수 있을 것이다. 이는 어떤 원인에 노력을 기울여야 할지 알려 준다. 피쉬본 기법은 주로 회고의 인사이트 생성하기(Generate Insights) 단계에서 사용한다. '이시카와 다이어그램 분석(Ishikawa Diagram Analysis)*'이라고도 불린다.

* https://en.wikipedia.org/wiki/Ishikawa_diagram

원인을 찾아내는 데 사용하는 모든 '인사이트 생성하기' 액티비티는 포스트잇 노트에 적힌 내용을 파헤쳐 숨겨진 진짜 스토리를 찾는 과정을 포함한다.

회고를 포함한 모든 회의에는 발산과 수렴 Divergence and Convergence이라는 수명 주기가 있다(그림 1.2). 이 다이어그램은 『민주적 결정방법론』(쿠퍼북스, 2007)에서 설명하고 있다. 회의의 목적과 기대하는 산출물에 관해 약간의 지식을 갖춘 우리는 희망차게 회의를 시작한다. 적어도 회의 주제는 합의된 것이어야 한다. 이후 의견에 관한 불일치 및 충돌의 장인 발산 단계로 들어간다. 다음으로 신음 영역^{Groan zone}이 이어진다. 이 영역에서는 합의점을 찾기 위해서가 아니라 주제에 관해 더 많이 학습하기 위해 깊이 논의한다. 신음 영역의 시간이 지나면 수렴 단계로 접어든다. 수렴 단계에서는 논의의 범위를 좁히고 합의를 끌어내고자 한다. 합의에 이르지 못했다면 회의 참여자들은 최소한 합의에 이르지 못했음에 합의하고 그에 대한 근거와 조건 등을 수립한다.

시작 시점에 주제에 대해 합의하는 것은 회고의 '무대 만들기' 단계와 유사하다. 발산 단계는 '데이터 수집하기 및 인사이트 생성하기' 단계에 해당한다. 회고에서 쉬운 부분은 아니지만 정말 중요한 단계다. 신음 영역은 '인사이트 생성하기' 단계의 마지막 부분과 '할 일 결정하기' 단계의 첫 부분과 연관된다. 수렴은 '할 일 결정하기' 단계의 핵심이며, 회고 마지막 단계에서 '결정'에 이르면 '회고의 끝'이다. 회고의 다섯 단계와 인사이트 생성하기 단계를 충분히 거쳐야 한다. 성급히 결론으로 뛰어들어 충분한 수렴 과정을 놓친 상태로 결정을 내리지는 말라.

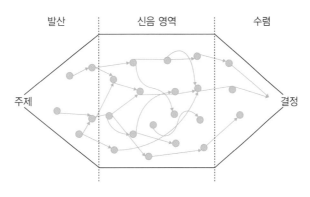

그림 1.2 회의에서의 발산과 수렴

온라인 관점

온라인 회고를 진행하는 경우 온라인 도구를 사용해 팀이 문제 해결 단계로 이동하기 전에 '인사이트 생성하기' 단계를 거치도록 할 수 있다. 여러분이 직접 온라인 문서를 만든다면 회고의 어느 단계에 있는지 시각화할 수 있다. 난 구글 드로잉스^{Google Drawings} 다이어그램을 사용해서 인사이트 생성하기 단계를 진행할 때가 많다. 이때 제안 박스에 X 표시를 해 둔다. 팀원들은 '할 일 결정하기' 단계에 이르기 전까지 실험에 관한 제안을 추가할 수 없음을 시각적으로 알 수 있다(그림 1.3).

회고의 단계마다 각각 다른 모자를 써서 회고 단계를 시각화할 수도 있다. 성급한 결론을 내리려는 참여자가 있다면 손가락으로 머리 위 모자를 가리키면서 싱긋 웃어 보여라.

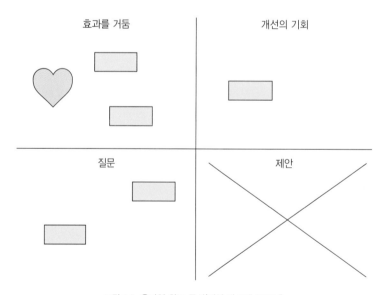

그림 1.3 온라인 회고 문서(제안 박스에 X 표시)

개인적 일화

해외 모 대기업에 인수된 어느 덴마크 회사에서 한 팀을 퍼실리테이션한 적이 있다. 회사만의 업무처리 방식이 있었고 그 방식을 좋아했다. 불행하게도 회사는 인수된 조직에서 3개 팀으로 나뉘었다. 인수 후 얼마 지나지 않아 열렸던 한 회고에서 '사일로Silo에서는 더 적은 일을 하자'라는 의견이 보드에 붙었다. 자리에 있던 사람 모두가 의미를 이해했다. 팀원들은 3개 팀으로 나뉘어 서로를 돕지 못한 채 일하는 것이 아니라 함께 일하기를 원했다.

문제를 이해한 그들은 충분한 논의 없이 액션 포인트를 결정했다. 그 후로 열린 모든 회고에서도 똑같은 일이 벌어졌다. 마침내 우린 사일로의 원인이 무엇인지 찾아보기로 했다. 각 팀의 핵심 성과 지표KPI, Key Performance Indicator가 협력을 방해하고 있었다. 모든 팀의 목표가 제각각이어서 한 팀이 이기면 다른 팀은 지는 제로섬 게임이었다. 또한, 팀의 플래닝 미팅Planning Meeting에는 새로운 조직의 다른 사람들이 함께 참여했다. 처음부터 그들이 이를 바꿀 수 있는지, 혹은 함께 살아가기 위해 배워야 하는지 알았다면 좋았을 것이다(3장, '인 더 수프' 참조).

무언가 완전히 달랐다. 주로 IT 담당자들과 일하면서 그들이 열린 논의나 신음 영역에 머물도록 하기가 너무 어려웠다. 의견을 열린 상태로 유지하는 과정이 힘들어서 결국에는 해결 단계로 가도록 이끌었다. 하지만 열린 논의 단계에서의 시간은 잘 사용됐다. 새로운 인사이트와 아이디어들이 쏟아졌다. 데이브 스노든Dave Snowden은 미성숙한 수렴을 복잡성 이론Complexity Theory의 일부로 자주 기술했으며 우리가 놓쳤을 만한 것을 설명했다. "모든 것을 열린 상태로 유지하고, 더 작은 단위로 분해하라. 그들이 재조합되고 함께 진화하는 것을 보라."(스노든, 2015)

IT 팀들과 굉장한 경험을 하던 당시, 미술관 근무자들을 대상으로 하는 아이디에이션 퍼실리테이션 요청을 받았다. 준비된 건 하나도 없었다. 그들을 열린 단계(모든 것이 가능하며 특정한 해결책이나 경로로 이끌지 않는)로 이끌기는 쉬웠다. 회의가 매끄럽게 진행되고 있으며 그들을 좋은 방향으로 이끌었다고 느꼈다.

그런데 문제가 시작됐다. 결정을 내리고 아이디어를 줄이며 가능성을 없애는 작업은 거의 불가능했다. 난 그룹 사이를 뛰어다니며 포스트잇 노트들을 떼어냈다. 내가 다른 그룹으로 자리를 옮긴 사이에 그들은 떼어낸 포스트잇 노트를 보드에 다시 붙였다. 심지어 누군가는 "우리에게 미술관이 있어야 하나요?"라는 질문을 했다. 약간의 현기증까지 느껴지는 순간이었다. 미술관의 필요 유무와 같은 존재적 문제를 논의하려고 모인 자리가 아니었다. 앱을 만들기 위한 브레인스토밍이 목적이었다. 난 이 새로운 무리에 아주 빠르게 적응해야만 했다.

전혀 다른 인종Species과 일하는 상황이라고 여기기로 했다. 과거 어느 때보다 직접적이어야 했고, 이 그룹이 회의 마지막 단계에서 어떤 형태로든 의견을 수렴하도록 하는 데 온 힘을 쏟아야 했다. 결국 다른 아이디어들이 미래를 위해 유지될 것이라고 약속하면서 한 가지에 집중하기로 합의하는 데 성공했다. 문화에 따라 달라지는 행동(혹은 패턴) 양상이 정말 흥미로웠다. 이와 관련된 이야기는 23장, '다른 문화'에서도 다룬다. 어떤 문화에서는 의견 충돌이나 견해 차이를 다뤄서는 안된다. 이런 문화에 속한 사람들(국가나 기업, 팀에 존재할 수도 있는)은 가능한 한 빨리 일치된 의견을 구하려 할 것이므로 상호 작용으로 새로운 아이디어가 피어날 기회를 놓칠 수도 있다.

2장
제1원칙 무시

팀원들은 제1원칙인 '우리가 찾아낸 게 무엇이든 간에 당시 우리의 지식, 스킬과 역량, 사용할 수 있는 자원, 주어진 상황을 활용할 수 있는 한 최선을 다했다는 점을 이해하며 실제로 그렇게 믿는다(커스, 2001)'를 무시한다. 이 원칙이 우스꽝스럽다는 것을 알기 때문이다.

퍼실리테이터는 성공적인 회고를 위해 이 마인드셋이 얼마나 중요한지 모든 팀원에게 알려준다.

컨텍스트

사라는 다음 회고를 위해 『애자일 회고』(인사이트, 2008)와 『Project Retrospective
프로젝트 회고』(Dorse House, 2001)를 읽었다. 회고를 계획하고 퍼실리테이션할 때 고려
해야 할 것이 많음을 알았다. 다행히 『애자일 회고』에서 제공하는 전체 회고 어젠
다를 활용해 회고를 계획하는 데 도움을 얻을 수 있었다.

사라는 회고를 계획하면서 즐거움과 불안함을 동시에 느꼈다. 무엇보다 놈 커스
Norm Kerth가 말한 제1원칙을 개발자들에게 소개하려니 눈앞이 캄캄했다. 개발자들
이 제1원칙을 우스꽝스럽다고 여길 것을 잘 알고 있어서였다. 사라는 결국 제1원
칙 소개를 포기했다.

제1원칙(Prime Directive)

우리가 찾아낸 게 무엇이든 간에 당시 우리의 지식, 스킬과 역량, 사용할 수 있는 자원,
주어진 상황을 활용할 수 있는 한 최선을 다했다는 점을 이해하며 실제로 그렇게 믿는다.

– 놈 커스

지난 스프린트는 그야말로 재앙이었다. 팀원 모두 초과 근무를 했음에도 결과에
만족한 사람은 아무도 없었다. 솔직히 팀원 전부가 초과 근무를 했다고는 할 수
없다. 피터는 늘 평소와 같은 시간에 퇴근했다. 자신의 행동을 알아챈 사람이 없
는 줄 알고 사무실을 몰래 빠져나가 다음 날 아침에 늦게 들어오곤 했다. 이런 피
터의 행동에 대한 불만이 여기저기에서 터져 나왔다. 팀원들은 회고에서 팀에 대
한 피터의 헌신 부족에 관해 다루자고 은밀하게 결정했다. 이 결정을 모르는 것은
사라와 피터뿐이었다.

회고가 시작됐고 팀원들은 리그레션 테스트 결과와 데모에 관한 사용자들의 피드
백 데이터를 봤다. 그리고 나서 타임라인에 포스트잇 노트를 붙여 각자 경험을 공

유했다. 팀 전체가 피터에게 만족하지 못하고 있음이 분명히 드러났다. 보드에 붙은 포스트잇 노트에는 피터의 이름이 적혀 있었고, 피터는 평소보다 말이 없었다. 사라는 포스트잇 노트가 많은 것을 보고 직접 읽기로 했다. 시간이 너무 오래 걸릴 것으로 판단해서였다. 다른 이유도 있었다. 노트를 직접 읽으면 피터의 이름이 적힌 포스트잇 노트는 넘길 수 있어서였다. 하지만 팀원 모두가 피터의 이름이 적힌 노트를 이미 보고 있었기에 사라의 노력은 물거품이 됐다. 피터는 입을 굳게 다문 채 회고 자리를 떠났고 나머지 팀원들은 무엇을 해야 할지 몰랐다. 피터의 사과를 기대했던 팀원들은 오히려 피터에게 논의에 참여할 기회조차 주지 않은 결과를 얻었을 뿐이었다.

타임라인(Timeline)

퍼실리테이터는 회고를 진행하는 공간의 벽 등에 타임라인을 그려서 준비한다. 포스트잇 노트에 날짜나 이벤트를 적어 벽에 붙이거나 큰 화이트보드에 선을 그린 뒤 시작 날짜와 종료 날짜를 적을 수도 있다. 팀원들은 타임라인에 적힌 시간을 되돌아본다. 참여자에게 다양한 색상의 포스트잇 노트를 나눠 준다. 예를 들어 빨간색은 에너지를 빼앗긴(슬프거나, 불행하거나, 미칠 것 같은 느낌을 받은) 이벤트, 초록색은 에너지를 준(행복하거나 편안한 느낌을 받은) 이벤트, 노란색은 당황했거나 궁금하거나 혹은 좋으면서도 나빴던 이벤트를 의미할 수 있다.

다음으로 팀원들과 퍼실리테이터는 보드와 포스트잇 노트의 색상을 보고 논의의 시작점을 결정한다. 이 논의가 중요한 이유는 1장, '운명의 수레바퀴'를 참조한다. 타임라인을 사용하는 목적은 어떤 사람들은 이런 프레임워크를 통해 특정 스프린트 혹은 전체 프로젝트 개발 단계를 각 시점에서의 행복이나 에너지를 의미하는 색상과 함께 봄으로써 개괄적으로 파악하기 쉬움을 발견했기 때문이다.

이 안티패턴은 다른 안티패턴 중 하나인 '신뢰 결여(22장 참조)'의 징후이기도 하다. 신뢰 결여에서 나타나는 문제는 '제1원칙 무시'에서 나타나는 것보다 심각하며, 놈 커스가 남긴 지혜로운 격언을 강조하는 것만으로는 해결할 수 없다. 제1원칙에 관한 안티패턴 해결책의 진짜 문제는 신뢰 결여다. 다시 말해 무슨 일이 있었는지 피터에게는 공유하지 못하게 하고, 다른 팀원들에게는 그가 처한 환경에서 최선을 다했음을 기대할 수 없도록 만들었다.

일반 컨텍스트

놈 커스는 회고에 관해 가장 먼저 썼고, 한동안 포스트모템^{Postmortem}이라 불리던 용어를 회고로 대신했다. 커스의 제1원칙은 IT 커뮤니티에서 논란의 중심에 있었다.

우리가 무엇을 발견했든 정말 모든 사람이 최선을 다하고 있다고 이해하고 실제로 믿을 수 있을까? 당시 그들이 가진 지식, 스킬과 역량, 가용한 자원, 주어진 상황을 이해한대도 말이다.

프로젝트 완료 시점에서는 모두가 프로젝트 시작 시점에서 알았던 것보다 많은 것을 알게 된다. 자연스레 우리가 하고자 했던 결정과 행동을 돌아보게 된다. 이는 칭찬받아 마땅한 지혜다. 그러므로 사람들을 당황하게 하는 데 평가되고 사용되면 안 된다. 우리는 제1원칙을 고수함으로써 회고에서의 확증 편향^{Confirmation Bias}을 물리치길 원한다. 정보를 필터링함으로써 사전에 인지한 선택을 지지하는 데이터만 받아들이면 학습할 기회는 사라진다.

문제는 이 원칙을 따르는 것이 어색하다는 점이다. 어떤 사람들이 게으름을 피우거나 해이한 것을 알고 있다면, 모든 사람이 최선을 다하고 있음을 정말 실제로 믿기란 매우 어렵기 때문이다. 로스^{Ross}가 1977년 발표한 「The Intuitive Psychologist and His Shortcomings^{직관적인 심리학자와 그의 단점}」에서 설명하는 **기본적 귀인 오류**^{Fundamental Attribution Error}가 이유 중 한 가지를 설명한다. 기본적 귀인 오류는 우리가 어떻게 다른 사람의 행동 결함을 상황이 아닌 내적 특징(예를 들어 게으름, 어리석음 등)과 연관 짓는지를 설명한다. 예를 들어 회의에 늦었을 때 여러분은 자녀를 등교시켜야 했다거나 버스가 늦게 도착했다는 등의 사건을 지각의 이유와 연관 짓는다. 그러나 다른 사람이 회의에 늦으면 기본적 귀인 오류에 의해 그 사람은 책임감이 없다고 생각한다.

내가 가장 오랫동안 일해 온 IT 업계에서는 오류(버그)와 잘못된 작업(미래의 이터레이션에 버그와 나쁜 품질의 프로그래밍을 제공하는)에 초점을 맞춘다. 아마도 이는 컴퓨터를 사용하는 작업에 필요한 정밀함 때문에 존재할 것이며, IT 업계로 완벽주의자들을 끌어들이기도 한다. 우리가 하는 대부분의 일에서 완벽주의는 좋은 것이지만, 어떤 일이 일어나게 된 이유나 문제에 관한 해결책을 찾는 데는 도움이 되지 않는다.

안티패턴 해결책

'제1원칙'을 잊어라! 논리의 세계에 사는 프로그래머에게 제1원칙은 너무 감상적이다. 간단하다. 무시하면 된다. 아니면 조롱하듯 미소를 지으며 제1원칙을 인용한다. 모두에게 원칙을 잊어도 된다는 신호를 보내기만 하면 된다. 회고를 진행하고 데이터를 계속 수집하라.

결과

여러분이 퍼실리테이션하는 회고는 이제 비난의 화살을 돌릴 희생양을 찾는 데만 관심 있는 여느 리뷰 세션과 같아질 것이다. 희생양 찾기는 일반적으로 문제를 해결하는 방법이 될 수 없다. 어린 시절, 여러분과 여러분의 형제에게 누군가 이렇게 물었던 경험이 있을 것이다. "누가 시작했니?" 혹은 "누가 화분을 깼니?" 등등.

회고 참여자들은 공유와 학습의 기회에 대한 기대가 아니라 그들의 가정과 부정적인 기대를 회고로 들고 올 것이다. 참여자들은 다른 이의 말을 듣지 않을 것이다. 이미 누구를 비난해야 하는지 스스로 안다고 믿기 때문이다. 회고는 자칫하면 비난과 조롱의 장이 된다. 비난을 받은 사람들은 공유를 두려워할 뿐만 아니라 고통스러워하며 결국 회고에 참여하길 거부하게 된다.

징후

잘못된 일이 일어났을 때 팀원들이 회고에 참여하길 두려워한다. 팀원들은 학습을 통해 현명해지길 원하지 않고 회고에서 혹시 일어날지 모를 일을 두려워한다. 참여자들은 회고에 방어적으로 참여하고, 예상했던 공격에 대한 성난 반론으로 무장한 채 이슈를 함께 다루길 꺼린다.

리팩터된 해결책

제1원칙으로 회고를 시작한다. 경험상 제1원칙에 부정적 반응을 보이는 그룹도 있었다. 그럴 때는 표현을 약간 바꾸되, 우리 모두 문제를 사람이 아닌 시스템에서 찾아야 한다는 핵심 아이디어를 유지한다. 회고 참여자들이 제1원칙의 중요함을 인식하게 하는 방법을 하나 소개한다. 회고를 진행하기 전, 회고는 모든 사람이 주어진 상황에서 할 수 있는 한 최선을 다했음을 가정한 상태에서 진행하며 참여자들은 이 가정을 존중해야 한다는 이메일을 보낼 수 있다. 이 방법을 시도하라. 팀원들 사이에 신뢰를 구축하는 기반을 놓을 수 있을 것이다.

제1원칙은 다른 사람들에 대한 가정이나 기대에 관한 사고방식, 또는 회고를 시작할 때의 마음가짐이 돼야 한다. 회고는 팀이 소유하므로 여러분은 모든 사람을 팀의 부분, 혹은 시스템의 부분으로 보고 그 시스템을 개선할 방법을 찾아야 한다. 그들이 의도적으로 최선을 다하지 않았다는 생각으로 시작한다면 그 회고에서는 어떤 결실도 보지 못할 것이다.

영화 〈스타트렉Startrek〉에서 루크Luke가 우주선을 늪에서 빼낼 수 있다는 말을 믿지 않는다고 했을 때 요다Yoda가 했던 말을 기억하라. "그러니까 자네가 실패하는 거야." 이후 요다는 문제와 씨름할 때 가져야 할 올바른 마음가짐을 루크에게 심어주는 데 성공한다.

덴마크 팀이 제1원칙을 마음에 품고 회고에 참여했다면 아내가 불치병에 걸려 가사에서 손을 뗄 수 없었던 피터의 상황을 알게 됐을지도 모른다. 피터가 심리적인 안전함을 느꼈다면 스스로 공유했을 수 있을 것이다. 그랬다면 피터가 다른 누군가와 함께할 수 있는 일을 찾거나, 인생의 어려움과 고통을 겪으면서 자신에게 감정적이든 재정적이든 어떤 일이 일어날까 고민하는 동안 그의 일을 덜어줄 수도 있었을 것이다.

피터에게 회고 자리는 이를 공유하기 불편한 곳이었기에 비밀이 지켜질 수 있는 상태에서 정보나 결과를 공유하고 싶어 했을 수도 있다. 피터가 비난받지 않아야 한다는 점을 받아들이고, 팀이 협업과 소통하는 방식이 올바르지 않았음을 인정하며, 제1원칙이 말하는 마음가짐에 초점을 맞췄다면 더욱 바람직하고 긍정적인 결과를 얻을 수 있었을 것이다.

온라인 관점

온라인 회고의 경우 제1원칙을 일정 초대 메일에 추가할 수 있다. 여러분의 등 뒤에 제1원칙이 적힌 포스터를 걸어서 회고 중에 지속적으로 인식시킬 수도 있다. 혹은 제1원칙을 준수하지 않는 것으로 생각되는 사람들에게 다이렉트 메시지를 보내 다른 참여자들에게 부끄럽지 않게 하면서 원칙을 되새기게 할 수도 있다.

개인적 일화

수년 전의 일이다. 내가 퍼실리테이션하지 않았던 우리 팀의 회고에서 슬픈 일이 일어났다. 데이터 수집하기 단계에서 팀원 한 명의 이름이 부정적인 코멘트와 함께 보드에 붙었다. 당시 퍼실리테이터는 이를 멈추지 않았고, 보드는 순식간에 그에 관한 포스트잇 노트로 가득 찼다. 당사자에게는 유쾌하지 않았겠지만 그의 행동은 팀원 모두를 지치게 했음은 물론 협업에도 부정적인 영향을 미쳤다. 퍼실리테이터는 보드에 붙은 여러 포스트잇 노트의 의미와 숨겨진 이야기가 무엇인지 이야기하도록 했다.

보드에 이름이 붙은 당사자는 처음엔 자신을 방어했지만 끝내 회의실을 박차고 나가버렸다. 그의 행동을 유발한 원인은 무엇인지, 우리가 그를 돕거나 최소한 그 행동을 피하기 위해 할 수 있는 일은 무엇인지 전혀 이해할 수 없었다. 그야말로 회고는 시간 낭비였고 피해는 상당했다.

난 최근 팀에 합류한 한 청년에게 일어난 일을 보며 감동했다. 회고를 시작하자마자 그가 무언가에 불쾌해한다는 것을 알 수 있었다. 청년은 자신이 끔찍한 일을 했다고 생각하고 있었다. 그가 진행한 시스템 프론트엔드 영역에서의 작업은 시간이 너무 오래 걸린 데다 실수까지 있었다.

하지만 나머지 팀원들은 그가 불쾌함을 느낀다는 것을 알아채고는 진정한 사랑을 보여줬다. 시스템에 관한 학습에는 당연히 시간이 필요하다는 것을 알게 해줬고, 그의 작업 덕분에 자신들이 시스템의 어떤 부분을 더 문서화하거나 다시 구현해야 함을 알게 됐다고 말했다. 청년은 행복해하며 안심했고, 그 모습을 지켜본 내 눈엔 눈물이 핑 돌았다.

3장
인 더 수프

팀원들은 스스로 바꿀 수 있는 권한 밖의 대상을 논의한다. 퍼실리테이터는
팀원들이 바꿀 수 있는 것에 집중하게 하며 바꿀 수 없는 것을
받아들이게 한다.

컨텍스트

팀은 이제 회고를 아주 편안하게 받아들이고 있으며 사라 역시 진전된 모습에 행복을 느낀다. 팀은 많은 논의와 실험을 했다. 시간이 지나면서 협업, 코드 품질, 전반적인 행복감이 모두 증가했다. 지난 두 번의 회고에서 팀은 누락된 테스트 프레임워크에 관해 논의하기로 했다. **점 투표**의 결과는 언제나 누락된 테스트 프레임워크를 해결해야 할 가장 중요한 문제로 드러냈다.

안타깝게도 논의의 결론은 항상 같았다. 경영진이 마치 인색한 스크루지 영감 같다는 것이었다. 팀은 가격, 가능성, 기술, 경영진에 관한 주제로 논의했지만 해결책을 찾지는 못했다. 사라 또한 누락된 테스트 프레임워크가 다음 회고의 주제가 될 것을 알았다. 그녀는 다른 팀원들과 마찬가지로 이 이슈를 두려워하고 있었다.

점 투표(Dot Voting)

'도트모크라시(Dotmocracy)'*라고도 알려져 있으며, 다양한 주제 중 앞으로 논의할 주제와 행동을 투표로 신속하게 결정하는 방법이다. 포스트잇 노트에 여러 주제를 적은 뒤, 팀원들은 점 스티커나 마커 등으로 원하는 주제에 투표한다. 한 사람이 사용할 수 있는 표 수에 제한이 있고 투표가 끝난 뒤 가장 많은 표를 받은 하나 혹은 여러 주제가 투표의 '승자'가 된다.

점 투표 방식을 사용할 때 약간의 문제가 생길 수 있다. 이는 6장, '결실 없는 민주주의'와 8장, '정치적 투표'에서 설명한다. 몇몇 퍼실리테이터는 이들 안티패턴에서 설명할 이유 때문에 점 투표를 사용하지 않기도 한다.

* 도트모크라시는 점을 뜻하는 Dot와 민주주의를 뜻하는 Democracy의 합성어다. –옮긴이

일반 컨텍스트

회고의 첫 번째 라운드에서 몇몇 작은 이슈를 해결한 이후 팀들은 종종 실질적인 장애물, 즉 자신들의 능력 범위를 넘어선 문제를 맞닥뜨리게 된다. 처음에는 문제의 영역이 자신들의 손에서 벗어나 있음을 깨닫지 못하고 구현할 수 없는 해결책들을 논의하며 즐겁게 시간을 보낸다. 그렇게 같은 회고가 몇 차례 진행되면 즐거웠던 논의는 두려움의 대상으로 바뀌고 만다.

안티패턴 해결책

경영진의 승인이나 행동이 필요한 주제는 많은 회고의 시작이 될 수도 있다. 팀스스로 해결할 수 없는 문제이기 때문이다. 회고는 그라운드혹 데이즈Groundhog Days[1]가 되면서 같은 이슈를 다른 각도에서 수없이 논의한다.

이 경우의 안티패턴 해결책은 회고 퍼실리테이터로서 배운 대로 하는 것이다. 팀에 더 큰 장애물이 무엇인지 결정하고 그에 관해 논의하도록 한다. 회고란 반영하는 것으로 더 나은 해결책을 팀 스스로 찾는 것이므로 올바른 결정처럼 보인다. 하지만 이 방법은 뒤에 설명할 부정적인 결과로 이어질 수 있다.

결과

팀은 스스로 바꿀 수 없는 상황을 만난다. 바꿀 만한 역량이 없을 때도 있지만, 바꿀 수 있는 권한이 없는 때가 대부분이다. 팀이 행동할 권한을 갖지 못한 해결책을 찾는 회고는 헛된 결과만 가져올 뿐이다. 게다가 팀원들은 회고에 대해 '시간을

1 　동명의 영화 〈Groundhog Day〉에서 유래한 말이다. 이 영화에서 남자 주인공은 좋은 사람이 되는 방법을 배울 때까지 같은 날을 지겹도록 반복해서 살게 된다.

비생산적으로 사용하는 것'으로 여기면서 전반적으로 부정적인 관점을 형성할 수도 있다.

팀과 경영진의 방향성이 멋지게 일치할 때도 있다. 하지만 경영진에게는 다른 우선순위가 있기에 상황은 그대로 유지되고, 회고는 그저 불평을 늘어놓기 위한 시간 낭비가 되고 만다.

징후

여러분은 사람들에게서 "우린 정말 중요한 무언가를 하고 싶다. 어떤 커피를 사야할지 따위를 결정하고 싶은 게 아니다" 혹은 "우린 늘 같은 문제를 논의한다"와 같은 말을 듣는다.

리팩터된 해결책

'문제'를 수집했다면 보드에 그림 3.1과 같이 두 개의 원을 그린다. 가장 안쪽 원은 팀이 통제할 수 있는, 즉 팀이 스스로 바꿀 수 있는(예를 들어 '코드 리뷰 시작하기' 혹은 '스탠드업 회의 위치 바꾸기' 등) 이슈를 포함한다. 바깥쪽 원은 팀이 영향을 미칠 수 있는 이슈를 포함한다. 팀이 직접 바꾸지는 못하지만 설득하기 위한 행동을 할 수 있는 이슈들이다.

수프

팀이 영향을 미칠 수 있음

팀이 통제할 수 있음

직접 행동

설득 행동

대응 행동

그림 3.1 원과 수프 액티비티(The Circles and Soup activity)

경영진이 팀에게 새로운 것을 하라고 요청하는 방법, 팀이 다른 팀과 협업하는 방법 등이 바깥쪽 원에 포함될 수 있는 전형적인 이슈다. 이런 이슈는 팀과 어떤 식으로든 직접적인 관련이 있으며 회고에 참여하지 않은 사람들과도 관련이 있다.

원의 바깥 공간은 끝이 없으므로 세 번째 원은 필요하지 않다. 이 바깥 공간은 환경 일부가 되는 모든 이슈를 포함한다. '있는 그대로의 것the way it is' 혹은 **수프**라고 부른다. 이런 이슈들은 팀에 영향을 미치는 반면, 팀은 이슈에 영향을 미치지 못한다(예를 들어 회사가 손실을 보고 있어 직원을 해고해야 하는 경우 등). 지역 오피스의 위치 혹은 회사 구성원들의 성격과 같은 이슈도 이 공간에 포함될 수 있다.

원과 수프(Larsen & Derby, 2006)로 불리는 이 액티비티는 **영향력의 원**으로도 알려져 있다. 이는 '평안의 기도Serenity Prayer'와도 같다. "하나님, 제가 바꿀 수 없는 것은 받아들일 수 있는 평안을 주시고, 제가 바꿀 수 있는 것은 바꿀 수 있는 용기를 주시고, 그 두 가지를 구분할 수 있는 지혜를 주십시오."[2]

원과 수프 액티비티는 팀이 해결하고자 하는 이슈와 이를 해결할 수 있는 역량의 범위에 대해 실질적인 관점을 제공하기 때문에 매우 생산적이다. 자신들이 통제할 수 있는 범위를 넘는, 다시 말해 '수프 같은' 이슈의 원인을 살피는 과정에서 때때로 팀은 해당 이슈를 '영향의 원'이나 '통제의 원' 안으로 옮길 수 있음을 발견하기도 한다. 예를 들어 팀이 인도에 있는 테스터들과 가까운 자리에 앉고 싶어 하는 경우, 5 How나 피쉬본과 같은 인과 분석 액티비티를 수행한 결과는 더 많은 커뮤니케이션이 필요한 실질적 원인이 초기 커뮤니케이션 부족 또는 테스터에게 받은 문서에 관한 오해에서 온 것일 수도 있다. 이제 문제는 팀이 무언가를 직접 해볼 수 있는 상태로 바뀐다.

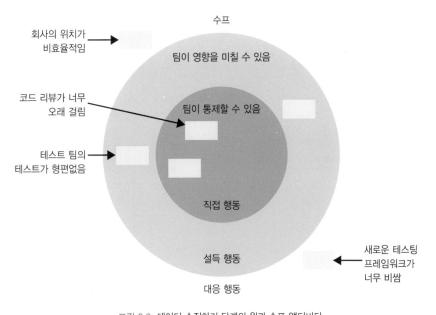

그림 3.2 데이터 수집하기 단계의 원과 수프 액티비티

---

2   평안의 기도는 개신교 신학자인 라인홀드 니부어(Reinhold Niebuhr)가 한 것으로 알려져 있다. 니부어가 자신 역시 어딘지 모를 출처에서 영향을 받았을지 모른다고 인정했음에도 말이다.

수프에 남아 있는 이슈들은 다른 팀원 혹은 관리자를 회고에 초대할 때 유용하게 사용할 수 있다. 그러나 15장, '호기심 가득한 관리자'에서 설명하듯 '외부인'은 팀원들의 참여를 방해할 수도 있다. 내 관점에서 여러분이 일반적으로 회고에 초대하는 유일한 사람은 핵심 팀^{Core Team}에 속한 사람들이다. 그러나 원과 수프 액티비티를 수행한 결과, 여러분이 팀 외부의 누군가를 회고에 초대함으로써 이익을 얻을 수 있다고 판단했다면 팀에게 먼저 다음 회고에 그 사람을 초대해도 될지 물어보는 것이 좋다. 초대 대상이 다른 팀의 구성원이거나 관리자일 때도 마찬가지다.

지역이 떨어져 있어 다른 사람을 회의실에 직접 초대할 수 없다면 온라인 회고를 준비해야 할 것이다. 하지만 온라인 회고에는 완전히 새로운 회고 안티패턴이 기다리고 있음을 기억하라(16장, '눈치 보기'와 24장, '죽음의 침묵'을 참조한다).

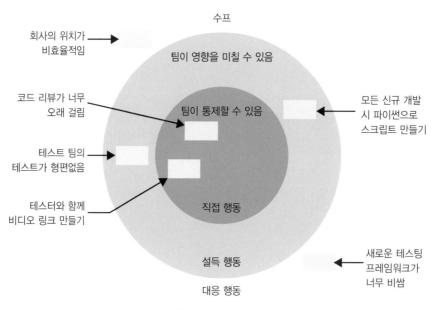

그림 3.3 할 일 결정하기 단계에서의 수프

같은 이슈를 반복해서 이야기하는 것을 피하고자 투표 프로세스를 엄격하게 만들 수도 있다. 예를 들어 바깥쪽 원에 포함된 주제 중에서 하나, 수프 영역에 포함된 주제 중에서 하나에만 투표할 수 있게 함으로써 팀 스스로 무언가 행동할 수 있는 이슈에 집중하게 할 수 있다.

또 다른 방법으로 팀원들에게 어떻게 하면 수프 안의 이슈를 더 나쁜 상태로 만들 수 있을지 질문할 수 있다. 나쁜 상태로 만들 수 있다는 것은 좋은 상태로 만들 수도 있으며, 이는 팀에 어느 정도 영향력이 있음을 의미한다. 이런 접근 방법을 **역설적 개입**Paradoxical Intervention이라고 하며 사람들에게 자유 의지가 있다는 것을 스스로 깨닫게 하는 치료나 코칭에서 사용한다. 종종 역심리학Reverse Psychology과 혼동되기도 하는데, 역심리학은 조종자Manipulator가 다른 사람을 자신의 의도대로 행동하게(반대 의견 혹은 상황을 제안함으로써) 하려고 사용되는 반면, 역설적 개입은 주어진 상황에서 사람들이 자신의 힘을 스스로 깨닫게 함으로써 선택할 수 있는 역량을 고취하기 위해 사용한다.

나는 컴퓨터 과학 수업에서 학생들이 무슨 일을 해야 할지 갈피를 잡지 못하고 있을 때 이 접근 방식을 사용한다. 학생들에게 절대로 해서는 안 되는 것이 무엇인지 질문하고 그 지점에서 논의를 시작한다. 동작하지 않는 것이 무엇인지를 알면 동작하는 것을 할 수 있기 때문이다. 조금도 진전이 없어 답답했던 상태를 시원하게 해결할 수 있다.

온라인 관점

온라인 회고를 진행할 때는 화이트보드를 사용해 '원과 수프' 액티비티를 진행하기가 쉽지 않다. 난 다이어그램을 미리 준비한 뒤 참여자들에게 링크를 전달한다. 그런 다음 가상 포스트잇 노트를 다이어그램에 복제해서 그룹으로 나누거나, 각 그룹의 내용을 대표하는 포스트잇 노트 한 장을 원과 수프 다이어그램에 붙일 수

있다.[3]

개인적 일화

테스팅에 관한 문제를 겪는 팀이 있었다. 이 팀은 전체 시스템에 자동화된 테스트를 적용하고 싶어 했고 큐컴버^{Cucumber}[4]보다 멋진 테스팅 소프트웨어를 구매하거나 젠킨스^{Jenkins}[5]의 전담 운영자를 두고 싶어 했다. 경영진은 새로운 소프트웨어를 구입해야 하는 이유를 이해하지 못했고, 회고 때마다 최소 5분 이상을 이에 관한 이야기에 사용했다. 논의를 나누기에 흥미로운 주제이긴 했지만 아무런 결과가 나오지 않는다면 이런 상황을 헤쳐나갈 방법 혹은 학습할 방법을 고민하는 데 시간을 들이는 편이 낫다.

원과 수프 액티비티를 하고 난 후, 팀은 이를 삶으로 받아들여야 할 이슈 중 하나이며 다른 해결책에 관한 논의에 시간을 쓰는 것이 낫다는 것을 이해했다. 팀은 회고에 관리자를 초대해서 테스팅이 얼마나 큰 이슈인지, 기민함과 개발 속도 그리고 시장 출시 속도에 얼마나 많은 영향을 미치는지 경영진을 이해시키고자 했다. 불행히도 관리자는 그 문제를 이해하지 못했고, 팀은 그것을 사실로 받아들이기로 했다.

결과적으로 팀원들은 파이썬을 사용해 직접 조금씩 테스트 케이스를 만들기로 했다. 올바른 테스트 결과를 얻었고, 코드 변경에 대해 걱정할 필요가 더는 없게 됐

---

3   미로(Miro) 같은 온라인 화이트보드 서비스를 사용하면 원과 수프 액티비티를 온라인에서도 효과적으로 진행할 수 있다. –옮긴이

4   행동 주도 개발(BDD, Behavior-driven Development)을 지원하는 소프트웨어 도구다. 비즈니스 용어를 사용해 기술한 피처 문서를 실행해 테스트를 수행할 수 있게 해준다(https://github.com/cucumber/cucumber). –옮긴이

5   소프트웨어 개발 시 지속적인 통합(CI, Continuous Integration), 즉 신뢰할 수 있는 빌드, 테스트, 배포를 수행하도록 하는 서비스를 제공하는 툴이다(https://www.jenkins.io/). –옮긴이

다. 팀은 테스팅 프레임워크에 더 높은 비용을 사용하기 위한 경영진의 승인 없이 이를 완료할 수 있었다. 추가 업무로 인한 비용이 투입되긴 했지만 경영진의 눈에 띄지 않게 처리할 수 있을 정도였다.

물론 이 이슈는 더 큰 문제의 징후였다. 팀과 경영진의 관계가 썩 좋지 않던 것이다. 이 관계는 팀과 경영진 사이의 더 나은 의사소통과 이해, 상호 존중을 통해 개선될 수 있었다. 이상적인 세상이라면 팀이 최선을 다하기 위해 경영진에게 무언가 숨겨야 한다고 생각할 필요가 없겠지만 현실과 이상은 다르기에 우리가 가진 것만으로 견뎌야 할 때도 종종 있다.

4장
시간 초과

팀은 회고에서 팀 전체에 덜 중요한 개발 관련 문제를 이야기하며 한쪽으로 치우친다. 퍼실리테이터는 팀이 올바른 위치로 돌아오도록 돕는다.

컨텍스트

다음번 회고에서 예상치 못한 일이 일어났다. 안드레아는 직속 상사인 낸시^{Nancy}가 회사를 떠나기로 했다는 이야기를 들었다. 팀에 그야말로 충격적인 소식이었다. 낸시와 보낸 시간은 1년이 채 되지 않았지만 정말 행복했다. 낸시는 이전 상사였던 안나^{Anna}와 달리, 팀원들의 이야기에 귀 기울일 줄 아는 상사였고 팀이 가져온 모든 이슈의 해결을 돕기 위해 마음을 다했다.

팀원들은 낸시가 자신들을 이해하고 보살핀다고 느꼈다. 낸시는 집에서 손수 만든 케이크를 스태프 회의에 가져오거나, 팀원 개개인의 생일을 기억하는 등 사려 깊은 모습을 보여줬다. 낸시가 떠난다는 소식에 팀원들이 속상해하는 것은 당연한 일이었다. 다만 르네는 예외였다. 르네는 안나처럼 직설적이고 다소 거친 스타일을 좋아했다. 팀은 낸시의 퇴사에 관한 논의에 많은 시간을 사용했고, 사라는 팀으로서 이 상황을 함께 해결해야 한다고 느꼈다.

사라 또한 이 팀의 일부였기에 이는 '직접 해' 안티패턴(10장 참조), 즉 퍼실리테이터가 팀이 하는 작업 일부가 되는 상태에 해당할 수도 있다. 그렇지만 초반 논의를 거친 후 회고를 진행하기로 했다. 그녀는 계획이 있었고, 그 계획을 실행하고 싶었다.

회고 초반에 사라는 팀이 일정을 따르지 않고 시간을 초과하려 함을 알아챘다. 팀은 회고 시간을 10분 정도 연장할 것을 요청했지만 회고는 결국 20분 이상 길어졌다. 사라가 회고를 마감하기 전, 두 사람이 다른 일정으로 회고 자리에서 떠났고, 곧 회고가 끝날 것으로 생각하던 다른 두 사람은 손에 쥔 스마트폰으로 이메일과 채팅을 보는 데 정신이 팔렸다.

일반 컨텍스트

회고에서 시간 초과 문제는 다양한 이유로 일어난다. 새롭고 흥미로운 사건이 발생하거나 중요한 인과 관계가 나타나는 경우 등이다. 퍼실리테이터와 팀은 당연히 그 주제를 논의하고 싶어 하지만, 퍼실리테이터는 실질적인 회고의 진행도 원한다. 퍼실리테이터는 팀원 중 그 누구도 회고가 비생산적이었다고 느끼는 것을 바라지 않는다.

일반적으로는 새로운 사건이나 이슈가 회고 시간을 늘어나게 하는 원인이지만, 그 외 다른 요소도 회고 시간을 늘릴 수 있다. 예를 들어 퍼실리테이터가 특정 논의를 중단하기 어렵다고 판단하거나, 팀 에너지가 충분하지 않아 한 액티비티에서 다음 액티비티로 이동하기 어려울 수도 있다.

안티패턴 해결책

퍼실리테이터는 회고 시간이 조금 더 필요하다는 팀 의견에 동의하고 10분 정도 연장한다. 그러나 연장한 시간이 부족했음을 알게 되고 회고는 더 길어진다. 새로이 생겨난 이슈들은 일부 팀원에게만 중요한 경우가 많다. 누군가에게는 팀 안팎에서 일어나는 가장 중요한 사건이 다른 구성원에게는 거의 혹은 전혀 관계없는 일이기에 회고에 더는 참여하지 않으려 한다.

결과

논의에는 소수 인원(거의 두세 명)만 참여하며, 나머지 인원은 중요하지 않은 논의를 듣기만 하는 데 답답함을 느낀다. 물론 그들 또한 다른 구성원들을 위해 문제를 해결하고 싶겠지만, 해결해야 할 다른 문제 혹은 완료해야 할 태스크가 있기에 회고를 시간 낭비라고 생각할 수도 있다.

회고 시간이 예정보다 길어지면 회고에 시간을 투입하는 사람들에게 확인을 주기가 어려워진다. 1시간으로 계획된 회고가 실제로는 2시간이 될지도 모른다고 두려워하게 되기 때문이다. 결과적으로 팀원 일부는 정신적이든 물리적이든 회고에 참여하지 않게 된다.

징후

회고 시간을 늘렸음에도 회고가 계속 길어진다.

리팩터된 해결책

퍼실리테이터로서 여러분은 모든 회고에 어젠다를 가져야 하며 시간 사용을 계획해야 한다. 또한 만일의 경우를 위한 대비책(팀에 전혀 알리지 않은)을 어딘가에 적어 두는 게 좋고, 여러분이 경험 많은 퍼실리테이터라면 머릿속에 간직하고 있어야 한다.

예를 들어 특정 주제에서 시간을 더 많이 사용하거나, 엑서사이즈 과정에서 디브리핑이 이미 완료됐다고 판단하면 디브리핑 시간을 줄일 수 있다.

디브리핑(Debriefing)

회고 전체를 디브리핑이라 부를 수 있다. 그러나 이 경우에는 회고의 각 액티비티를 마치는 시점에 "여기서 무슨 일이 있었나요?" 혹은 "여기서 우리가 무엇을 배웠나요?" 혹은 "우리가 이것을 누구에게 알려야 하며, 그 이유는 무엇인가요?"와 같은 질문을 던져 본다. 디브리핑의 목적은 팀이 액티비티를 통한 최고의 학습과 이해를 얻기 위해 무엇을 했는지 한 걸음 물러서서 살피도록 돕는 것이다.

계획을 바꾸고 특정한 주제에 관해 예정보다 더 많은 시간을 사용하는 것은 큰 문제가 되지 않으며, 이는 실제로 좋은 퍼실리테이터의 징표이기도 하다. 문제는 통제력을 잃고 회고 시간 자체를 초과할 때 일어난다. 회고 참여자들에게 주제에 관해 더 많은 논의를 나누도록 하는 경우 얼마나 많은 시간을 쓸지 계산할 수 있어야 한다. '할 일 결정하기' 단계에서 팀원에게 소규모 그룹 논의를 제안함으로써, 이들이 순차적이 아니라 병렬적으로 논의하도록 해서 시간을 줄일 수 있는가? 논의를 마친 뒤에는 내용을 요약해 참여하지 못한 사람들이 무언가 놓쳤다는 느낌을 받지 않도록 한다. 시간을 절약하려고 요약하는 경우라면 요약 자체를 위한 시간 또한 여러분이 피하려 하는 전체 회의 연장처럼 될 수 있음을 명심해야 한다. 요약에도 퍼실리테이션이 필요하다는 의미다. 중요한 특정한 논의가 있다면 계획된 투표를 취소할 수 있는가? 참여자들에게 회고를 20분 연장하는 것에 대해 투표하도록 할 수 있는가? 정치적인 사람들에게 솔직한 대답을 얻기 위해 익명 투표를 진행할 수 있는가? 세워 둔 일정표를 지킬 수 있는가?

익명 투표(Anonymous Vote)

다양한 형태로 진행할 수 있는 투표 방식이다. 온라인이라면 각 참여자는 퍼실리테이터에게 다이렉트 메시지로 자신의 표를 보낼 수 있다. 온라인 시스템에서 익명 투표를 지원한다면 해당 기능을 사용해 투표할 수도 있다. 현장 회의의 경우 퍼실리테이터는 포스트잇 노트나 인덱스 카드에 투표하도록 하고 이를 수집할 수 있다. 투표하기 전에 다수결 방식을 따를 것인지 혹은 거부권을 행사할 수 있는지 등에 관해 참여자들이 합의하도록 해야 한다. 후자라면 회고 시간 초과에 대한 거부권도 행사할 수 있어야 한다. 그렇지 않으면 그 사람은 회고 자리에서 떠날 것이며, 그 사람이 회고 진행 중 자리를 이탈하면서 팀 회고가 엉망이 될 수도 있기 때문이다.

논의 시간을 더 확보할 수 없다면 "아주 흥미로운 논의였습니다. 다음번 논의를 계속하기 위해 노트를 남겨 놓는 것이 좋겠네요"라고 말하며 논의를 중단시킬 수 있다. 또는 '주차장 Parking Lot(팀이 논의하길 원하는 주제이지만 이번 회고에서 다루기엔 시간이 부족한 이슈들을 모아두는 곳)'을 활용할 수도 있다. 이후 주차장에 관해 반드시 언급함으로써 사람들이 주차장을 계속 이용할 수 있도록 한다.

회고 시간을 자주 초과한다면 처음부터 조금 더 긴 회고를 설계해야 할 수도 있다. 사람에겐 저마다 다른 특성이 있다. 예를 들어 이탈리아에서는 핀란드보다 더 긴 시간이 필요할 것이다.[1]

종종 회고의 길이에 관한 질문을 받을 때가 있다. 회고의 길이는 팀 규모, 돌아보고자 하는 기간, 회고 결과에 대한 열의에 따라 다르다. 6명에서 8명 정도로 구성된 팀이라면 매주 한 시간 정도의 회고로 충분할 것이다. 2주 길이의 스프린트마다 회고를 진행한다면 두 시간 정도 필요하다는 의미다. 팀원이 더 많을 때 동일한 결과를 얻으려면 그만큼 많은 시간이 필요할 것이다. 난 나를 잘 아는 팀과 격주로 진행하는 회고의 길이를 대략 1.5시간으로 한다. 팀원들은 회고 시작 전에 감정적인 준비를 하며, 회고에서 도출할 결과에 관해 합의를 마친다. 온라인 회고의 경우 중간 휴식 시간 없이 75분 이상 회고를 유지하기는 어렵다. 2013년 대니얼 카너먼 Daniel Kahneman의 연구에 따르면 중간 휴식 없이 이어지는 회의는 45분 이상 지속되면 안 된다는 것이 이상적이지만 이를 사람들에게 설득하기란 거의 불가능하다.

80명의 참여자와 한 시간짜리 회고를 진행해 본 적이 있다. 회고에 대한 열의는 평소보다 낮았다. 우린 참여자들이 큰 타임라인(일주일 정도의 콘퍼런스)에 대해 그들의 경험을 공유하길 원했고 각 참여자의 대답을 확인했다. 나는 타임라인을 둘

---

1   경험상 문화에 따라 사람들의 말하는 방식이나 장황함에 차이가 있다. 덴마크에는 '말은 은이고, 침묵은 금'이라는 속담이 있다. 실제 여러분이 덴마크 사람에게 오후 내내 들을 수 있는 말이 그뿐일 수도 있다. 핀란드 사람들은 덴마크 사람의 간결함조차 복잡하다고 생각한다. 그들에게 '말'은 그 자체로 명확해야 하므로, 그에 관한 이야기조차 필요 없다고 생각한다. 핀란드에서는 일반적인 행동으로 여겨지는 농담 하나를 소개한다. 핀란드 사람과 스웨덴 사람이 술자리에 마주 앉아 있다. 한동안 침묵이 흐르고 스웨덴 사람이 "건배!"라며 입을 연다. 핀란드 사람이 답한다. "이야기하자고 만난 거야? 아니면 술 마시자고 만난 거야?"

러보며 공통적인 경험과 다른 경험을 찾았고 회고 마지막에 찾아낸 것들을 요약했다. 참여자들의 경험을 반영하고 동일한 사건에 대한 이해 차이를 공유할 기회였지만 더 깊은 인사이트를 발견하거나 학습할 시간이 없었다. 다시 말하지만, 목적은 그것이 아니었다.

온라인 관점

온라인 회고에서는 준비한 어젠다를 변경하기가 훨씬 어렵다. 회고가 온라인 도구에 종속되기 때문이다. 보디랭귀지를 사용해 회고의 속도를 바꾸기도 쉽지 않다. 그렇지만 다른 트릭들을 이용할 수 있다. 온라인 회고에서는 여러 사람에게 같은 질문을 동시에 던지기가 쉽다. 온라인 회의에서는 한 번에 한 사람만 말할 수 있다는 것을 다들 알고 있기 때문이다. 모든 참여자에게 개별적으로 특정 주제를 지금 논의하고 싶은지 질문할 수 있다. 또는 몇몇 사람이 그룹의 의견과 반대되는 의견을 공유하기 어렵다면 다이렉트 메시지를 보내도록 요청할 수도 있다.

개인적 일화

퍼실리테이터의 길을 막 걷기 시작했을 즈음, 내가 일하던 회사에서 한 회고를 퍼실리테이션한 적이 있다. 회고가 시간 초과 안티패턴을 따라 진행됐고 참여자 중 최소 절반 정도의 인원이 다루고 싶어 하는 몇 가지 주제 중 하나가 수면 위로 올랐다. 아주 많이 이야기하고 싶어 하는 주제였다. 그리고 그 주제에 관해 이야기하고 싶어 하는 사람 중 한 명이 내 관리자였다. '호기심 가득한 관리자(15장)' 안티패턴도 참조하길 바란다.

난 그 논의를 멈출 수 없었다. 다양한 방법으로 정중하게 정리해보려 했지만 결국 그 주제가 참여자들이 논의하길 원하는 주제라고 결정하고 내 회고 계획을 바꿔 그 주제를 논의하도록 했다. 최선을 다해 논의를 퍼실리테이션했고 결론을 끌어 냈다. 그러자 그들은 내게 물었다. "대체 회고에서 무슨 일이 일어난 거죠?" 잠에 서 방금 깨어나 한 시간이 훌쩍 지나가 버렸음을 깨달은 얼굴이었다. 회고 시간은 30분밖에 남지 않았고, 이는 새로운 계획을 했을 때 고려한 시간보다 짧았다. 15 분을 추가로 요청해 회고를 연장했다.

하지만 시간이 부족했다. 15분을 연장했음에도 인사이트 생성하기 단계에 머물러 있을 뿐이었다. 팀원들에게는 이 주제를 보관했다가 다음 회고에서 다루겠다고 말해야만 했다. 스스로 전혀 자랑스럽지 않았다. 회고 시간에 팀이 만들었어야 할 인사이트들이 허공으로 날아가 버렸기 때문이다. 난 참여자들에게 나쁜 회고의 경험을 안겼다. 회고를 통해 그들이 얻었어야 할 것, 즉 함께 반영하고 모두가 믿 은 개선을 얻지 못했다.

그 후로 난 회고가 궤도를 벗어나지 않도록 노력했다. 그러다가 9년 뒤 고객과의 회고에서 비슷한 상황을 만났다. 난 그 회고에서 팀에게 30분의 시간을 주기로 했 다. 시간이 지난 뒤 논의를 중단하고 **긍정 회고**를 진행했다. 긍정 회고는 상대적으 로 쉽게 논의할 수 있으며, 할 일 결정하기 단계보다 적은 시간을 사용한다.

긍정 회고(Positivity Retrospective)

팀에게 감정, 성공 그리고 긍정적인 이벤트에 집중할 기회를 주는 액티비티다. 회고는 전 반적으로 강력하고 긍정적인 이벤트와 생각을 공유하기 위해서 진행한다. 그래서 주로 팀원들끼리 감사를 표하면서 시작하고 미래에 관한 좋은 바람으로 마무리한다. 긍정 회 고를 통해 좋은 것을 증진하는 방법에 관한 교훈을 얻을 수 있다. 긍정 회고는 '부정적인 팀(21장)' 안티패턴에 대한 리팩터된 해결책이다.

주제 중심 상호 작용TCI, Theme-Centered Interaction을 통해 우리는 방해와 열정적인 참여 가 우선함을 알고 있다. 즉, 여러분이 사람과 협업할 때 무시할 수 없고, 무시해서도 안 되는 이슈나 사건이 때때로 일어나게 된다. 그런 상황에서 회고를 연기할지에 관한 결정은 컨텍스트에 따라 다르다. 회고 시간은 제한돼 있다. 내 경험에 따르면 제한된 시간에 두 가지 모두를 하려고 하지 않는 게 중요하다.

팀은 공유와 학습에 집중하지 않고 소그룹에서 단편적인 대화에
시간을 사용한다. 퍼실리테이터는 액티비티를 바꿔 팀 전체가
다시 협업하도록 한다.

컨텍스트

타이타닉 소프트웨어 A/S는 다음 주 노르웨이^{Norway}의 트라이실^{Trysil}에서 오프 사이트를 진행하기로 했다. 모두 함께 그곳에서 스키를 즐길 예정이다. 회사 사람들 대부분이 여행에 들떠 있었고 오프 사이트를 며칠 앞두고는 더욱 흥분을 감추지 못했다. 회의가 정해지자 자연스럽게 여행에 관해 논의하고 싶은 유혹이 찾아왔다. '스키를 타기에 충분할 만큼 눈이 왔을까?', '개인 비용으로 지불할 것은 무엇일까?', '스키 장비? 음식? 맥주?'와 같은 주제들이었다.

사라는 회고를 시작하고 싶었지만 지난 스프린트가 팀원들에게 매우 끔찍했음을 알기에 스키 여행에 관한 수다를 나누고 싶어 하는 바람 역시 이해하고 있었다. 그녀는 스키 여행에 관한 수다를 허락할지 아니면 그 대화를 멈추고 회고를 시작할지 고민한다.

일반 컨텍스트

어떤 사람들은 수다를 나누는 것에 시간을 쓴다. 그들에게 수다는 다른 사람과 관계를 맺고 상대에게 관심을 보이는 동시에 주의를 끄는 방법이다. 즐거움을 공유하면서 긴장을 풀기에도 제격이다. 게다가 수다는 해롭지 않기 때문에 사람들 사이에서 쉽게 시작되고 흘러간다. 특히 원격 근무를 할 때 수다는 유용할 수 있는데, 음식이나 여행 등에 관한 이야기는 신뢰 구축에 도움이 되기 때문이다(22장, '신뢰 결여'를 참조하라).

안티패턴 해결책

여러분은 회고 퍼실리테이터로서 스스로 좋은 사람이길 바라며 사람들이 여러분과 함께 보낸 시간을 좋은 느낌으로 기억하길 바랄 것이다. 여러분이 사람들에게 수다를 나눌 수 있도록 허락하는 이유다. 이것을 꼭 나쁘다고만 말할 수는 없다. 회고 시간 중 일부를 미리 빼뒀거나 참여자 모두 수다를 원한다면 회고의 분위기를 편안하게 만드는 데 수다를 활용할 수도 있다. 스킬이 부족한 퍼실리테이터는 좋은 대화를 중단하는 것을 두려워할지도 모르지만, 팀을 위해 세운 계획이 수다보다 훨씬 가치 있는 것임을 스스로 확신해야 한다. 수다가 허용되는 때가 너무 잦으면 안 된다.

결과

수다는 집중해야 할 논의, 팀의 일상적 이슈 혹은 이벤트를 반영하는 데 필요한 시간을 뺏는다. 물론 수다는 사람들의 연대를 강화하거나 서로 이해를 높일 수 있는 길을 제공하기 때문에 유익할 수도 있다. 하지만 회고에서 수다는 논의를 위해 마련한 귀중한 시간을 앗아갈 뿐이다.

징후

이 안티패턴의 징후는 명확하다. 회고가 진행되는 공간의 한쪽 구석에서 사람들이 수다를 나누는 모습은 무시하기 어려울 정도로 눈에 띄기 때문이다. 한층 심각한 징후는 시간이 부족한 나머지 퍼실리테이터가 효과적인 회고를 만드는 데 필요한 특정 단계나 모든 사람의 의견 경청을 생략하는 것이다.

리팩터된 해결책

여러분이 그룹에서 수다를 처음 목격했다면 현재 논의 중인 이슈에 집중하라고 말하기가 쉽지 않을 것이다. 이럴 때는 액티비티를 바꾸는 것이 효과가 있다. 사람들은 특정 태스크에서 시간을 충분히 사용한 뒤 지루함을 느끼면 수다를 나누기 때문이다. 소그룹 활동 중 수다가 발생하는 것은 어떤 사람들이 다른 사람들보다 작업을 빠르게 마쳤기 때문일 수도 있다. 이런 경우에는 수다를 나누고 있는 그룹에 다른 태스크를 할당해서 계속 회고에 참여하도록 할 수 있다.

계속되는 수다가 문제라면 다음 회고부터는 **그라운드 룰**을 정해서 회고를 시작할 때 주지시킨다. 팀에게 회고나 일반적인 회의에 대해 어떤 그라운드 룰을 추가하고 싶은지 반드시 질문해야 한다. 또한 회고를 포함해 회의가 시작된 뒤 45분 정도 지났을 때 휴식이 필요하다는 신호로 수다가 시작될 수 있다는 점도 고려해야 한다.

그라운드 룰(Ground Rules)

팀을 이루려고 한다면 일을 목적으로 다양한 기대가 있는 사람들이 모인 이질적인 집단일 가능성이 있음을 스스로 받아들여야 한다. 어떤 사람들은 새로운 것을 학습하기 위해 모든 것을 논의하고, 어떤 사람들은 혼자 자료를 찾아 읽기도 한다. 어떤 사람들은 음악이 없으면 집중하기 어려워하지만, 어떤 사람들은 조용한 것을 선호한다. 또 어떤 사람들은 회의 시간에 관해 관대하고, 어떤 사람들은 회의에 지각하는 사람에게 짜증을 낸다.

팀은 그룹 업무에 관해 그들의 기대에 근거한 그라운드 룰을 수립해야 한다. '우리는 회의 시간에 늦지 않는다', '우리는 서로를 방해하지 않는다'와 같이 일반적으로 적용되는 규칙이 있는가 하면, '존이 헤드폰을 쓰고 있을 때는 방해받지 않길 원하는 것이다'와 같이 개인적인 규칙들도 존재한다.

그라운드 룰이 있으면 수다는 여러분을 짜증나게 하지 못할 것이다. 팀이 결정한 그라운드 룰을 한 번 더 언급하면 된다. 경험상 그라운드 룰이 있는 팀은 수많은 부정성과 소극적인 공격성을 피할 수 있었다. 일부 바람직하지 않은 행동들은 퍼실리테이터가 막을 수도 있지만, 많은 사람에게 그라운드 룰을 한 번 보게 하는 편이 훨씬 효율적이다.

그라운드 룰을 설정했는데도 참여자들이 계속 수다를 나눈다면 주제를 바꾸거나 그들이 해야 할 일을 더 많이 할당해 집중의 대상을 바꿀 수 있다. 수다가 계속된다면 떠드는 사람에게 다가가보라. 보디랭귀지를 사용해 참여자 스스로 팀이 함께하기로 정한 일에 참여하지 않고 있다는 점을 깨닫게 할 수 있다.

퍼실리테이터는 참여자에게 회고 시간을 사용하는 방법에 관한 자신들의 결정을 상기시킬 수 있다. 이 방법이 효과를 보지 못한다면 수다를 시작하려는 사람에게 직접 말할 수도 있다. 이때 가급적이면 회고 자리가 아닌 다른 곳에서 말하는 편이 좋다.

여러분이 팀을 잘 알고 있다면 이렇게 말할 수 있을 것이다. "기억하세요. 지금은 회고 시간입니다. 이 시간을 존중해 주시고 다른 주제에 관한 이야기는 다른 시간에 나눴으면 합니다." 팀이 특정 주제에 대해 논의하길 원한다면 해당 주제는 주차장에 넣어둘 수 있다. 이 방법은 '시간 초과' 안티패턴(4장)에 더욱 효과가 있지만, 지금 여기서 다루는 많은 수다 주제가 점심시간이 끝날 때까지 계속 이어질 수도 있기 때문이다.

온라인 관점

온라인 회고에서는 보디랭귀지를 사용해 수다를 중단시키기가 어렵다. 경험상 온라인 회고에서 소규모 그룹의 수다는 큰 문제가 되지 않는다. 그러나 회고 참여자들이 완전히 분산되지 않은 경우, 예를 들어 몇몇 사람은 회의실에 함께 앉아 있고 다른 사람들은 빌딩 등 다른 장소에서 혼자 참여할 때는 '수다' 안티패턴의 발생 가능성이 오프라인 회고 때보다 크다. 회의실에 모여 있는 사람들은 각자 챙겨 온 간식이나 함께 참여한 회의에 관한 수다를 나누기가 쉽다. 이런 경우 퍼실리테이터인 여러분은 모든 참여자가 같은 단계에 머무르도록, 즉 온라인 회의에 참여할 때와 동일하게 행동하도록 해야 한다. 그리고 다음 회고에서는 다른 온라인 참여자들과 똑같이 회의실에서 참여하는 사람들에게도 각자 다른 곳에서 개별적으로 참여하도록 독려할 수 있다.

개인적 일화

회고를 주제로 한 강의를 진행한 적이 있다. 강의 참여자들은 회고를 퍼실리테이션할 예정이었기에 작은 그룹으로 나눠 액티비티를 적용하고 토론해야 했다. 참여자 중 한 사람은 인사 부문 담당자였고, 다른 참여자는 대부분 개발자였다. 소규모 그룹 논의를 시작했을 때 인사 부문 담당자가 관련 없는 주제에 관해 길게 이야기하는 것을 발견했다. 그리고 그녀가 수다의 시작점임을 알아챘다. 그녀가 앉은 테이블로 갈 때마다 그녀는 실습과 아무 관련 없는 이야기를 하고 있었다. 두 번째까지는 미소를 짓고 실습 과제를 가리키며 실습에 집중할 것을 요청했다.

세 번째에는 그녀에게 실습하지 않고 수다를 나누는 이유를 물었다. 그녀는 업무상 그 사람들을 알고 있으며, 이 사람들도 수다를 나누고 싶어 하는 것이 중요하다고 말했다. 그녀의 말이 맞을 수도 있지만 난 그녀에게 그것은 상황에 따라 다르고, 어떤 결정을 내리기 위해 사용할 수 있는 시간이 한 시간뿐이라면 수다를 위한 시간은 없을 것이라고 말했다. 그녀가 내가 한 말을 받아들인 것인지는 확신할 수 없지만, 적어도 그 팀은 주어진 과제를 계속 진행할 수 있었다. 많은 사람이 더욱 유익한 시간을 보낼 수 있도록 개인에게 엄격해야 할 때가 종종 있다.

논의할 때 자신이 도움이 되지 않는다고 생각해서 수다를 나누는 사람들도 있었다. 비기술직 종사자인 사람들이 기술적인 논의를 해야 하는 것을 알게 됐거나, 팀에 합류한 지 얼마 되지 않아 논의에 도움을 줄 수 있는 것이 거의 없을 수도 있다. 여러분도 이제 막 팀에 합류했다면 이런 사항들을 파악하기 어려울 것이다. 하지만 팀원들의 상황을 안다면 논의 시간에 수다를 잘 떠는 사람들을 작은 그룹으로 나누거나 회고 진행 일부를 도와 달라고 부탁함으로써 수다를 방지할 수 있다.

6장
열매 없는 민주주의

팀 내에 목소리가 작은 몇 사람들의 좌절에서 비롯된 주제를 민주주의를
통해 논의한다. 퍼실리테이터는 모두를 행복하게 만드는
다른 방법을 찾는다.

컨텍스트

사라는 어느 한 회고에서 테스트 프레임워크에 관한 논의를 퍼실리테이션하는 중이었다. 참여자 대부분이 커다란 관심을 보이면서 점 투표에서 절대적으로 많은 표를 얻은 주제였다. 유감스럽게도 킴과 보는 테스팅에 책임감을 느끼지 않았고 이 주제 역시 자신들과는 관계없다고 여겼다. 2분 후, 그들은 다른 이슈에 관해 이야기하기 시작했다. 투표에서 적은 표를 얻어 논의 대상에서 제외된 주제였다.

논의 주제에서 벗어난 이야기를 나누는 그들의 모습을 포착한 사라는 논의의 다음 단계에 관해 좀 더 큰 소리로 이야기하기 시작했다. 킴과 보가 신경 쓰지 않는 듯해도 팀이 결정한 결과가 둘에게 영향을 줄 것이라고 믿었다. 지금 당장은 그들을 멈출 방법이 생각나지 않았다. 또 다른 참여자들이 킴과 보의 이야기에 합류하자 나머지 팀원들은 주제에서 벗어난 이야기에 짜증을 냈다.

일반 컨텍스트

회고에서 논의 주제나 대상을 결정하는 과정은 민주적일 때가 많다. 다수가 논의 대상을 결정하기 때문에 선택된 이슈 중 몇몇은 소수에게는 흥미롭지 않은 것들이다. 논의에 흥미가 없는 소수는 다른 주제나 동일한 주제의 다른 측면에 대해 떠들기 시작한다. 결과적으로 회의 차원에서 후속 조치가 이뤄지지 않은 채 여러 가지 논의가 동시에 일어나게 된다. 그리고 팀원 일부는 중요한 내용을 놓쳐 합의나 결과를 끌어내는 데 실패한다. 드 보노 De Bono의 『생각이 솔솔 여섯 색깔 모자』(한언, 2011)를 통해 이것이 얼마나 큰 문제이며 어떻게 피할 수 있는지 알 수 있다.

여섯 개의 생각하는 모자(Six Thinking Hats)

에드워드 드 보노(Edward De Bono)가 고안한 시스템으로 여섯 가지 색상의 모자를 사용해 그룹 토의와 개인의 사고방식을 표시한다. 여섯 개의 생각하는 모자와 '병렬적 사고(Parallel Thinking)'에 관한 아이디어는 여러 그룹이 세부적이고 결합된 방식으로 사고 프로세스를 계획하도록 함으로써 효율적인 사고를 하도록 돕는다. 병렬적 사고를 만드는 방법은 우리가 동시에 한 주제의 동일한 측면을 생각하고 있음을 보여주는 것이다. 특정한 종류의 사고가 이뤄지고 있음을 표현하거나 실제로 모자를 쓸 수도 있다. 흰색 모자는 '정보', 빨간색 모자는 '감정', 검은색 모자는 '비판적 사고', 노란색 모자는 '낙관주의', 노란색 모자는 '창의성', 검은색 모자는 '구조'를 의미한다. 이런 방식으로 그룹 전체가 비판적인 사고를 하고자 노력할 때 일부 참여자들만 데이터 자체에 관해 사고하는 상황을 막을 수 있다(1999).

안티패턴 해결책

퍼실리테이터는 다른 사람에게 공감하는 좋은 사람이다. 퍼실리테이터들은 어떤 대상이 더 흥미로운 논의 주제인지, 그리고 지루할 틈이 없는 현대 사회에서 지루함이 얼마나 잔인하고 고통스러운지를 이해한다. 참여자의 행복을 위해 다른 주제를 이야기하도록 허락하면서 논의 주제가 그들에게 흥미로운 것으로 바뀌었을 때 논의로 되돌아올 것을 희망한다.

결과

회고에서 논의가 갈라지기 시작하는 이유는 일부 참여자들이 회고에서 벌어지는 일에 집중할 필요가 없으며 자신들이 다른 회의에서 그랬던 것처럼 마음대로 흐

름을 조정할 수 있다고 느끼기 때문이다.[1]

논의가 갈라지면 그들은 계획하지 않았을지라도 자신과 관련된 정보를 놓치게 될 수 있다. 논의 주제에 흥미를 느끼게 됐을 때 이들은 다른 참여자들에게 그간의 일을 설명해달라고 요청할 것이며, 이는 회고를 포함한 다른 회의의 생산성도 떨어뜨린다.

또한 갈라진 논의는 계획된 주제에 관해 참여하는 사람들에게 무례이기도 하다. 참여자들은 회의에서 정해진 이슈에서 (그들의 논의를 통해 만들어진) 몇 가지 변화가 상황을 개선할 것이라고 믿기 때문에 논의에 참여하는 것이다. 결과적으로 회고는 중단될 수 있다. 팀이 기대하던 공유를 제공하지 못해 참여자들이 회고를 시간 낭비라고 느끼기 때문이다. '열매 없는 민주주의'는 팀에 더 심각한 문제를 안길 수도 있다. 팀 내 소수의 사람은 자신들이 관심을 가졌던 주제가 항상 표를 얻지 못하고 잊히는 것을 보기 때문이다.

징후

이 안티패턴의 징후는 명확하다. 한쪽 구석에서 소그룹으로 수다를 나누는 것은 무시하기가 어렵다. 또 다른 징후는 일부 참여자들이 흥미로운 무언가가 일어나고 있음을 갑자기 깨닫고는 다른 참여자에게 무슨 일이 있었는지 물어보는 것이다. 이때 퍼실리테이터가 직권으로 수다를 막는다면 몇몇 팀원은 회고가 시간 낭비이며 자신들의 관심 이슈가 논의되지 않는다고 느낀다.

---

1   다른 회의에서도 논의가 갈라지면 안 되겠지만 이 책에서는 범위를 회고로 한정한다.

리팩터된 해결책

주제와 관계없는 수다를 허락하는 안티패턴 해결책은 바람직하다고 볼 수 없다. 이는 수박 겉핥기식의 문제 해결에 지나지 않는다. 원인이 아니라 징후만 해소하는 것이다. 회고에서는 논의할 이슈, 시도해볼 실험, 일의 진행 순서를 민주주의 방식으로 결정할 때가 많다. 포스트잇 노트에 적힌 이슈에 점 투표하는 것은 회고 퍼실리테이션에서 널리 알려진 방식이다.

민주주의적 프로세스의 문제는 소수 의견이 간과될 때가 많다는 점이다. 특히 회고 때마다 같은 유형의 이슈에 투표하는 경우가 그렇다. 이 문제를 해결하는 방법의 하나로 **합의**를 통한 의사 결정 Consensus Decision Making이 있다. 모든 사람의 합의를 끌어내야 해서 시간이 좀 걸리지만, 모두가 합리적인 수준에서 타협한 상태의 결정을 만들 수 있다. 민주주의적인 점 투표와 달리, 이 방법은 모든 참여자의 관점과 필요 그리고 궁극적으로 권한을 통합하기 위해 노력하는 방법이다. 퍼실리테이터는 모든 참여자에게 합의를 요청할 수 있다. 어떤 선택이 최선인지에 관해 모든 사람이 반드시 동의할 필요는 없지만, 적어도 그 선택을 모두가 받아들인 결정이라는 점에는 동의함을 의미한다. 물론 퍼실리테이터는 **독재** Dictatorship 기법을 사용할 수도 있다. 이는 한 사람이 결정을 내리는 방법으로 특정 사안에 관해 잘 알고 있는 사람이 있거나 특정 결정이 자신에게 가장 큰 영향을 미친다고 판단될 때 쓰인다.

소수 투표 Minority Vote로 불리는 방법도 있다. 그림 6.1과 같이 투표 대상을 나눠 보드의 서로 다른 영역에 놓는 방식이다. 예를 들어 왼쪽 화이트보드의 11개 주제에는 다섯 표를 던질 수 있고, 오른쪽 화이트보드의 8개 주제에는 세 표를 던질 수 있다. 퍼실리테이터는 이런 방식으로 다수가 투표한 이슈는 물론, 소수가 투표한 이슈에도 주의를 기울이게 할 수 있다. 소수 참여자가 해당 이슈를 논의할 시간을 얻는다면 회고가 진행되는 동안 병렬적인 논의에 지속적으로 참여하도록 하기가 훨씬 쉬울 것이다.

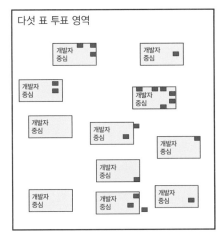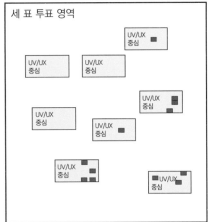

그림 6.1 소수 투표

또 다른 방법을 유타 엑스타인에게서 배웠다. 엑스타인은 사람들을 소규모 그룹으로(필요하다면 짝으로) 나눈 뒤 모든 사람이 동일한 주제를 논의하는 대신 서로 다른 주제를 병렬적으로 논의하도록 했다. 소규모 그룹 액티비티의 타임박스를 정한 뒤, 시간이 지나면 한자리에 모여 논의한 내용을 공유하거나 새로운 타임박스를 설정하고 다른 주제를 논의했다. 여러 그룹에서 다양한 주제에 대해 논의한 결과를 공유함으로써 참여자들은 제안된 행동들에 관해 알게 되고, 무엇을 하고 싶은지 함께 결정할 수 있다. 이런 방식을 활용하면 참여자 모두는 각자 중요하다고 생각하는 주제에 대해 논의하면서 다른 그룹의 작업에 관한 정보도 얻을 수 있다.

팀이 해야 할 일을 결정할 때 팀원들은 결정의 중요성을 신뢰해야 하며 결정을 실행할 수 있는 에너지를 충분히 갖춰야 한다. 그렇지 않으면 아무리 중요한 것들이라 할지라도 실행되지 않는다. 난 팀에 어떤 일을 하는 것이 중요하고 실제로 결정을 실행할 수 있는 에너지와 열정이 있는지를 자주 묻는다. 어떤 팀에 이런 질문을 처음 던졌을 때 그들은 눈살을 찌푸리며 열정은 (행동에 따른) 결과나 영향보다 중요하지 않다고 답했다. 하지만 몇 번의 회고를 진행한 뒤 그들은 결정을 실행할 에너지가 없었고 바닥난 에너지로 무언가 변화시킬 가능성은 매우 낮다는 것을 깨달았다.

온라인 관점

온라인 회고에서도 같은 이슈가 적용된다. 이를 예상하지 않는다면 온라인에서는 설정을 변경하기가 더욱 어렵다. 그러나 대부분의 온라인 회의 도구들이 제공하는 브레이크 아웃 룸Break-out Room과 같은 기능을 사용해 참여자들이 소규모 그룹으로 논의하도록 도울 수 있다. 민주적인 프로세스가 팀에 최적이 아니라고 판단했다면 다른 형태의 의사 결정을 지원하는 온라인 문서를 만들 수도 있다. 소수투표의 경우 온라인 문서를 서로 다른 제안에 따라 구역을 나누고 투표가 적절한 영역으로 분산되도록 할 수 있다. 합의의 경우에는 익명 투표를 활용해 참여자들이 자유롭게 투표하도록 함으로써 심리적 안전함을 느끼고 다른 참여자들의 의견에 영향을 받지 않게 할 수 있다. 하지만 합의에서의 투표는 익명으로 진행하지 않는다. 모든 사람이 합의해야 하며 합의가 되지 않으면 모두가 받아들일 때까지 제안을 계속 변경해야 하기 때문이다.

독재는 오프라인 회고에서와 동일한 방식이다. 제안을 수집하고 필요에 따라 투표를 하며 결정권자는 수집한 정보와 투표 결과, 자신의 지식과 경험을 활용해 최종 결정을 내린다.

개인적 일화

한 소규모 덴마크 기업에서 회고 퍼실리테이터로 근무한 적이 있다. 이곳에서 난 한 팀을 대상으로 격주 간격으로 회고를 퍼실리테이션했다. 교차 기능Cross-functional을 하는 자율적인 팀을 만들기 위해 경영진은 테스트 1명, UX 전문가 1명, UI 전문가 1명을 해당 팀에 포함했다. 스크럼 마스터 또한 개발자였기에 결과적으로 팀은 백엔드 개발자 7명과 비개발자 3명으로 구성됐다.

회고에서 한 가지 패턴을 발견했다. 우린 논의 대상이나 다음 스프린트에 구현할 실험을 결정하기 위해 점 투표를 사용할 때가 많았다. 이 방법은 팀원에게 잘 동작했지만, UX·UI 전문가 혹은 테스터가 중요하게 생각하는 이슈들은 충분히 많은 표를 얻지 못해 회고의 논의 대상에서 늘 제외됐다. 실제로 'UX 관련 논의는 프로젝트 초반에 한다' 또는 '보다 자동화된 테스트에 높은 비용을 사용한다'와 같은 주제들은 '라운지에 더 좋은 커피를 비치한다' 또는 '더 빠른 서버를 구축한다'와 같은 주제보다 많은 표를 얻지 못했다. 그 결과 개발자들은 회고를 좋아했지만, 비개발자들은 회고를 피하기 시작했고 회고에 참여하더라도 반쯤 넋이 나간 상태였다. 자신들이 논의하고 싶었던 주제가 아니었기 때문이다.

이 문제는 소수 투표를 통해 UX와 UI, 테스트 관련 주제를 논의하고 해결책을 찾게 함으로써 해소했다. 다수를 지지하지 않고 소수의 요구나 필요에 집중하는 게 직관적이지는 않아도 커다란 효과를 얻을 수 있다.

7장
할 말 없음

현재 팀이 너무 좋기에 팀원들은 회고가 더는 필요하지 않다고 믿는다.
퍼실리테이터는 팀을 지속적으로 개선할 수 있는 방법을
학습할 수 있음을 보여준다.

컨텍스트

팀은 이제 매우 잘하고 있다. 팀원들은 애자일 방식으로 일하기를 좋아하며 팀이 만든 산출물은 사용자를 위한 가치를 지속적으로 더하고 있다. 지난 두 번의 회고도 아무 문제 없이 마무리했고 나쁜 날씨(여기는 결국 덴마크다)만 제외하면 모든 포스트잇 노트가 초록색이었다. 사라는 르네와 안드레아가 나누는 이야기를 듣게 됐다. 그들은 사라가 자신들이 문제를 일으킬 것으로 예상하는지 궁금하다고 말했다.

모든 것이 잘 되고 있었으므로 회고가 더는 필요 없어 보였다. 사라는 팀에 해결할 문제가 있는지 생각해 보라고 독려했지만 소용없었다. 실망스러웠지만 이제는 정말 회고가 유용하지 않다는 팀의 의견에 동의해야만 했다.

일반 컨텍스트

내가 회고를 도입했던 팀과 조직에서 비슷한 회고의 수명 주기 패턴을 봤다. 가장 먼저 팀은 회고가 시간 낭비라고 생각한다. 회고의 유용함과 효과(그리고 재미)를 알게 될 때까지 말이다. 다음으로 구성원들이 회고를 통해 많은 것을 발견하고 이야기 나누는 순간이 찾아온다. 팀워크, 커뮤니케이션, 기술 또는 그들이 구현하는 시스템에의 문제에 관해 무언가 시도한다는 것은 기분 좋은 일이다. 그러나 시간이 흐르면 팀은 '아무 문제가 없는' 상태에 이른다. 같은 이슈에 관한 논의가 반복되고 회고는 정체되며 효용성은 점차 약해진다. 통상적인 것이 된 회고는 참여자들이 빨리 마치고 싶어 하는 여느 회의와 같아진다.

안티패턴 해결책

명확한 해결책은 회고를 계획할 때마다 팀원들에게 이야기를 나누고 싶은 새로운 주제가 있는지 물어보는 것이다. 아무도 답하지 않으면 회고를 취소한다.

결과

회고를 취소했을 때의 결과를 이해하려면 가장 먼저 회고로 얻으려 했던 이익을 살펴봐야 한다. 이미 일어났거나 현재 진행 중인 사건에 대한 스토리 공유, 무언가 기대에 미치지 못할 때 스트레스를 발산하는 방법, 다음으로 해야 할 일에 관한 공동 의사 결정 등이 이에 속한다. 회고에서는 개인적인 요소 또한 중요하다. 회고는 모두 함께 웃거나, 다양한 이슈에 관한 느낌을 나누거나 서로는 물론 스스로 돕는 방법을 배우는 기회다. 올바른 방법으로 퍼실리테이션할 때 회고는 팀으로서의 학습과 성장을 도울 수 있다. 회고는 때로 팀이 명확한 대상 너머 깊은 이슈를 볼 수 있는 기회를 준다. 모건 J. P. Morgan의 말처럼 모든 결정과 행동에는 공식적인 이유 Official Reason 와 실질적인 이유 Real Reason 가 존재한다.

징후

여러분에게 다음과 같은 소문이 들린다. "우린 이제 회고가 필요 없어요", "이야기하고 싶은 게 없어요", "우린 이제 좋은 팀이에요. 문제를 찾느라 시간 낭비하고 싶지 않아요" 등등.

리팩터된 해결책

다이애나 라센과 에스더 더비가 저술한 『애자일 회고』 원서의 부제 '좋은 팀을 위대하게 만들기 Making Good Teams Great'가 제안하는 것처럼 회고는 역기능을 하는 팀뿐만 아니라 모든 팀에게 유용하다. 우리는 언제나 지금 하는 일을 더 잘할 수 있다.

'좋은Good' 상태에서 '위대한Great' 상태가 될 수 있다는 말이다.

세계적 수준의 스키 선수들은 자신의 능력을 더욱 향상하려 끊임없이 노력한다. 스키 타는 자신의 모습을 지속적으로 관찰하고 검토 결과에 따라 기술이나 수면 상태, 식이 패턴을 적응시킨다. 여러분이 치과 의사에게 치아 관리를 위한 진료를 받았든, 차량 정비사에게 자동차 휠 균형 정비를 받았든, 치아나 자동차 관리는 정기적으로 반복해야 한다. 나는 이 이야기를 회고 여정의 시작 단계에서 회고가 더는 필요 없다고 말하는 팀에게 자주 한다.

그리고 회고에 다소 새로운 것을 도입한다. **긍정 회고** 혹은 **팀 레이더 회고**Team Radar Retrospective(그림 7.1 참조)와 같이 새로운 형태의 회고를 시도하거나, 그들이 두려워 하거나 바라는 것들이 일어난 상태를 보여주는 **미래 회고**Futurespective를 시도하기도 한다. '부정적인 팀' 안티패턴(21장)에서 설명하듯 팀은 이슈의 긍정적인 측면은 물론 부정적인 측면을 통해서도 어떤 좋은 프랙티스가 더 좋아질 수 있는지 배울 수 있다.

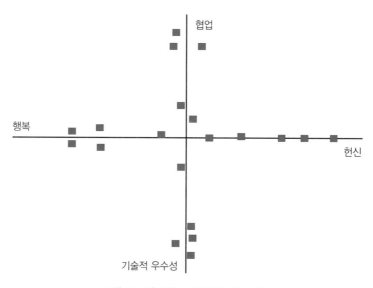

그림 7.1 4개 주제로 구성된 팀 레이더 회고

미래 회고(Futurespective)

회고와 비슷하지만 과거가 아닌 미래에 초점을 맞춘다는 점이 다르다. 미래 회고를 퍼실리테이션할 때는 오늘(미래 회고를 하는 날)에서 시작되는 타임라인을 보드에 그린 뒤, 3개월이나 1년 또는 다음 릴리스까지의 미래 기간을 표시한다. 그런 다음 팀원들에게 미래 시점, 즉 타임라인 끝에 서 있다고 상상하도록 한다. 때로는 눈을 감고 그곳에서 '지금' 세계가 어떻게 보이는지 상상하라고 주문한다. 이후 팀원들은 눈을 뜨고 포스트잇 노트에 타임라인 시작 시점부터 완료 시점까지 일어난 (가상의) 긍정적 이벤트와 부정적 이벤트를 적어 보드에 붙인다.

이 활동의 전형적인 단점은 참여자들이 미래를 볼 수 없다는 점이다. 퍼실리테이터인 여러분 또한 참여자들이 미래를 예측할 수 없음을 알지만, 참여자들이 공유하는 것은 앞으로 일어날 일에 대한 희망 혹은 두려움이라는 것을 설명할 수 있다.

참여자들이 기대하는 긍정적 이벤트와 부정적 이벤트를 보드에 추가했다면 여러분은 각 이벤트를 차례로 짚어가면서 이벤트를 일으키는 원인, 즉 뒤에 숨은 원인이나 스토리에 대해 논의하도록 할 수 있다. 미래 회고를 통해 얻는 결과는 '아침 회의 금지'처럼 팀이 기능을 가장 잘하는 방식으로 일할 수 있는 그라운드 룰을 정하는 것일 수 있다. 또한 팀이 성공하기 위해 팀에 필요한 것들을 경영진에게 전달하는 메모(예를 들어 팀원이 조직 내 다른 프로젝트로 흩어지면 안 되는 내용 등)일 수 있다. 그리고 일반적인 회고와 같이 실험을 계획할 수도 있다. 팀이 몇 주 정도 실험해 보고 결과를 확인할 수 있는 것, 예를 들면 한 달에 한 번 정도 모든 작업에 대한 동료 리뷰(Peer Review)나 몹 프로그래밍(Mob Programming)을 해볼 수 있다.

개인적으로 팀원들의 과거에 대해 많이 배울 기회다. 두려움에 관해 이야기할 때 그들은 자신들이 과거 경험했던 부정적인 것들을 설명한다. 희망에 관해 이야기할 때는 자신들이 일하기 좋아하는 핵심을 설명한다. 그래서 난 새로운 팀에서 관계를 시작할 때 미로 회고를 자주 사용한다.

배^{The Ship} 액티비티 또한 회고에서 무언가 새로운 것을 시도할 때 사용할 수 있는 유용한 활동이다(그림 7.2 참조).

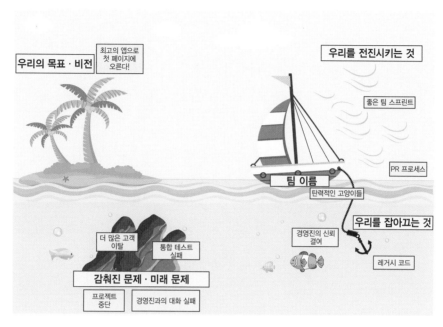

그림 7.2 배 회고

배 회고(The Ship Retrospective)

배를 중심으로 보물섬, 바람, 닻, 물 아래의 암초 등을 그려 진행하는 회고다. 팀은 가장 먼저 보물섬에 무엇이 있는지, 즉 그들이 꿈꾸는 최상의 시나리오와 비전에 관해 합의한다. 배 이름을 정하는 과정에서 같은 팀에 속한 사람들이 해당 팀의 특성이나 요소를 정의하는 데 있어 얼마나 관점이 다른지 알 수 있기 때문이다. 시간이 부족할 때는 이 단계를 생략하기도 한다.

다음으로 팀원들은 포스트잇 노트에 긍정적인 것들을 써서 바람 영역에 붙인다. 이들은 배가 보물섬 쪽으로 항해하도록 돕는 것들이다. 다음은 닻이다. 닻은 섬으로부터 배가 멀어지게 하고 항해를 방해하는 요소다. 마지막 단계는 암초로 우리가 확신할 수 없지만 일어날지도 모른다고 걱정하는 요소다. 여기까지 '데이터 수집하기' 단계를 완료하고 팀은 '인사이트 생성하기' 단계와 '할 일 결정하기' 단계를 시작할 수 있다. 배 회고에 관한 다른 설명은 『Getting Value Out of Agile Retrospectives(애자일 회고를 통한 가치 얻기)』(Lulu.xom, 2014)에 있다.

팀에게 최악의 시나리오는 무엇인지, 시간이 충분한지 아니면 부족한지, 인원이 많은지 아니면 적은지, 또는 어떻게 일할 것인지 등을 질문할 수도 있다. 팀이 다양한 세계관을 만들도록 하고 어떤 생각을 하는지 확인한다. 개선을 위해 무엇을 바꿔야 할지 모르는 경우가 많은데, 이는 팀원들이 현재 상황에 너무 익숙한 나머지 다른 상황을 상상하기 어려워하기 때문이다.

어떤 팀은 회고에서 의사소통, 협업, 프로세스와 같은 정성적 데이터^{Soft Data}를 검토하는 방법만 학습한다. 이런 관점도 중요하지만 회고의 데이터 수집하기 단계에서는 정량적 데이터^{Hard Data}도 검토할 수 있다. 정량적 데이터에는 번다운 차트_{Burndown Chart}, 리그레션 테스트 통계, 동료 리뷰 통계, 사용자 피드백 등이 있다.

회고의 주제를 선택하는 것 또한 특정 주제에 집중하고 깊이 파고드는 방법일 수 있다. 주제로는 특정한 릴리스, 테스트 전략, 팀 혹은 개인으로서 학습하는 방법, 아키텍처 또는 팀에게 흥미로운 것이라면 무엇이든 선택할 수 있다.

때때로 여러분은 회고에서 조금 더 활동적인 역할을 할 수도 있다. 내 경우를 예로 들자면 "태스크에 관한 타임라인 추정을 더 잘할 수는 없을까요? 그러면 너무 많이 이야기할 필요도 없겠지요. 작업 완료 시점만 확인하면 되니까요" 또는 "잘 된 것과 관련된 이야기를 꼭 해야 하나요? 잘 안 된 것에 관한 이야기에 집중하는 게 어때요?"와 같은 질문을 받았을 때 팀원들이 진짜 일하고 싶은 방식이 무엇인지 묻는다. 팀이 기민함을 신뢰하는가? 인간성을 신뢰하는가? 팀에 어떤 포부가 있는가?

여러분은 **애자일 플루언시**^{Agile Fluency}(애자일 친숙도)와 같은 평가 방법을 사용해 팀이 애자일 방법론, 표준, 코드 품질, 팀 행복 등을 어떻게 다루고 있는지 깨닫게 할 수도 있다. 그리고 팀이 어디에 이르고 싶은지, 지금 위치는 어디라고 생각하는지에 관한 논의를 시작할 수 있다.

애자일 플루언시(Agile Fluency)

애자일 방식에 따라 일하는 방법을 학습하는 것은 새로운 언어를 학습하는 것과 비슷하다. 새로운 언어를 배울 때 예상치 못했던 상황이 갑자기 일어나면 다시 모국어를 사용한다. 난 독일어를 할 수 있지만 테이블에 발가락을 찍히거나 할 때는 덴마크어로 소리를 지른다. 하나의 언어를 유창하게 구사하지 못하면 놀라거나 화가 나거나 두려움을 느끼는 순간에는 더 유창하게 사용할 수 있는 말이 튀어나오기 마련이다. 팀에서 애자일 방식으로 일하는 것 또한 마찬가지다. 몇몇 교육 과정에 참여하고 스크럼 프레임워크에 기반한 업무수행 방식을 배웠을 수도 있다. 그러나 예상치 못한 상황에 맞닥뜨리면 충분히 이해하고 있는 폭포수(Waterfall) 방식으로 되돌아간다. 애자일 플루언시의 핵심은 팀이 애자일 방법론에 얼마나 친숙한지 평가하고 시각화하는 것이다.

다이애나 라센과 제임스 쇼어(James Shore)는 애자일 플루언시 프로젝트(Agile Fluency Project)를 공동 설립했다. 애자일 플루언시 프로젝트는 팀이 그들의 비즈니스 요구에 최적화된 애자일 플루언시 레벨에서 일할 수 있도록 코칭하고 있다.

이 리팩터된 해결책의 핵심은 비록 작더라도 팀 그리고 업무의 모든 측면을 개선할 수 있는 방법을 찾도록 지원하는 것이다.

온라인 관점

온라인에서 회고를 진행할 때도 같은 포인트가 적용된다. 한 가지 차이점은 온라인 회고에서는 어젠다 변경이 좀 더 어렵다는 것이다. 이런 이유로 여러분이 회고 중 안티패턴을 적절하게 바꾸지는 못하겠지만 다음 회고를 위한 계획은 바꿀 수 있을 것이다.

개인적 일화

앞서 이야기한 것처럼 나는 여러 팀과 회고 수명 주기의 특정 부분을 지켜봤다. 그중 한 팀과의 경험에서는 나조차 무엇을 개선해야 할지 발견하기 어려웠다. 팀은 모든 것을 잘하고 있는 듯 보였고 서로에게 정말 친절했기 때문이다.

나는 '용감한'이라는 단어에 관한 회고를 준비하기로 정했다. 무대 만들기 단계에서 팀원들이 지난 한 달 동안 얼마나 용감했는지 묻는 질문을 포함했다. 업무적이든 개인적이든 구체적인 예시를 한 가지씩 요청했다(자연스럽게 지난 회고에서의 액션 포인트를 살펴보면서 실험이 성공적이었는지, 무엇을 학습했고, 무엇을 계속할 것인지에 대해 논의했다).

데이터 수집하기 단계에서는 팀원들에게 내일 아침 일어났을 때 평소보다 10배 용감해진 자신을 발견한다면 하고 싶은 일 세 가지가 무엇인지 질문했다. 세 가지 일 중 적어도 두 가지는 업무와 관련된 것이어야 한다는 제한 사항을 뒀다. 세 가지 모두 업무와 관련돼야 한다고 생각할 수도 있겠지만, 한 가지 일을 개인 영역에 남긴 이유는 다음과 같다.

첫 번째, 이 질문은 서로에 관한 즐거움의 요소가 될 수 있다. 참여자들이 늘 하고 싶었지만 할 수 없었던 일이기 때문이다. 즐거움이라는 요소는 웃음을 부르고, 웃음은 그룹을 단단하게 엮어 준다. 팀원들은 서로 '용감한 목표'를 달성하도록 도울 수도 있다. 한 예로, 이전에 누군가가 비행하는 방법을 배우고 싶다고 말했을 때 다른 팀원이 자신의 개인 비행 연습에 그를 부조종사로 초청하기도 했다.

두 번째, 사람들이 업무 외의 것을 생각할 여지를 만듦으로써 직장에서는 일상적으로 이야기하지 않았지만 늘 그들의 머릿속을 차지하고 있는 중요한 개인적 바람에 관해 이야기하게 할 수 있기 때문이다. 생각을 억누르지 않고 중요한 꿈이나 목표를 공유하면서 참여자들은 덜 산만해지고 업무에도 한층 집중하게 된다.

이 활동은 '가까운 쇼핑몰에서 이 시스템의 미래 사용자에게 직접 말하기', '몹 프로그래밍 시도하기'[1], '내가 이해할 수 없는 일과 맞닥뜨렸을 때 도움을 요청하기', '재교육을 통해 백엔드 개발자되기'와 같이 다양한 답변을 만든다. 인사이트 생성하기 단계는 대답들 뒤에 숨은 이야기에 관한 것이다. 참여자들이 원하면 어떤 경험으로 인해 10배 더 용감해졌을 때 그런 일들을 하고 싶게 됐는지 공유하도록 할 수 있다. 이미 시도했다가 실패했는지, 시도했을 때 어떤 일이 일어났는지, 시도하게 된 이유는 무엇인지, 얻고 싶었던 것이 무엇이었는지 등을 공유할 수 있다.

할 일 결정하기 단계에서는 각자 집중하거나 혹은 다른 사람이 집중하도록 도울 수 있는 주제를 하나 고른다. 난 그들이 조금 덜 두려운 첫 번째 단계가 무엇일지 생각하도록 돕는다. 회고에서는 새로운 이슈가 수면 위로 오른다. 팀원들이 의도적으로 평소와 다른 방향에서 생각하기 때문이다. 어떤 사람에겐 이 과정이 상대적으로 쉽지만, 결과적으로 모든 참여자는 그들의 일반적인 행동 그리고 개인적 차원에서 개선할 수 있을 만한 무언가를 찾아내게 된다.

이 안티패턴의 또 다른 측면은 팀이 모종의 이유로 인해 회고가 가치 없는 것이 당연하다고 생각하는 것이다. 누군가 이런 말을 했다. "애자일 코치들과 스크럼 마스터들은 최근 신경이 쓰일 거예요. 그들 주변 어디에나 데브옵스 DevOps가 일어나고 있으니까요. 스크럼 마스터나 애자일 코치들이 데브옵스가 무엇인지 안다면 회고에 관한 관점이 완전히 바뀔 거예요. 데브옵스는 산출물을 측정하죠. 그렇다면 회고는 산출물들에 집중해야 하죠. 데브옵스 산출물은 프로덕션 사고율 Production Incident Rate, 피처 사이클 타임 Feature Cycle Time, 서비스 복구·복원 평균 시간 Mean Time to Recover/Restore Service 처럼 기술적인 것들이고요. 데브옵스에 관한 어느 정도의 지식이 없다면 이런 것들에 관한 논의를 퍼실리테이션하지 못할 거예요."

---

1   짝 프로그래밍과 비슷하지만 두 사람이 아니라 팀 전체가 함께 프로그래밍한다. 우디 주일(Woody Zuill)이 만든 규칙이다.

난 이런 의견을 정말 좋아한다. 회고는 여전히 가치 있다고 생각하는 이유를 설명할 기회이기 때문이다. 적어도 이런 질문을 한 사람은 회고를 위한 회고를 하지는 않을 것이다. 난 그녀의 말에 이렇게 답했다. 첫째, 데브옵스를 사용하더라도 그 중심은 여전히 사람이며, 다른 모든 사람이 가진 똑같은 사람에 관한 문제들을 안고 있다.

둘째, 나 또한 많은 사람이 회고의 데이터 수집하기 단계에서는 사고나 감정에 관한 데이터만 수집할 것으로 생각하고 있음을 알지만, 난 번다운 차트, 리그레션 테스트 결과, 복구 시간^{Recovery Time} 및 응답 시간^{Reply Time}과 같은 정량적 데이터를 확인한다. 난 때때로 팀이 기술적인 주제만 다루기로 한 회고를 퍼실리테이션하며 그때에도 회고는 매우 잘 동작한다. 사람과 관련된 이슈에 대해서도 자주 이야기한다. "우리가 어떻게 응답 시간 문제를 처리했지?" 혹은 "리그레션 테스트 결과는 왜 저렇게 된 거지?"와 같은 질문이 여전히 존재하기 때문이다.

셋째, 내가 가진 기술적 경험을 활용할 수 있다. 참여자들이 기술적인 것을 주제로 논의할 때 내용을 이해할 수 있어서 그들이 말을 반복하기 시작하는 것 또한 알 수 있기에 논의를 빠르게 이끌 수 있다. 퍼실리테이터들은 그런 업무 배경이 없더라도 여전히 완벽하게 회고를 퍼실리테이션할 수 있다. 퍼실리테이터들은 겉으로 드러나지 않으며 보디랭귀지 그리고 팀 역동에 관한 적절한 수준의 이해를 바탕으로 논의를 지원한다. 그렇기에 여러분이 전혀 모르는 무언가에 관한 회의도 충분히 퍼실리테이션할 수 있다.

넷째, 데브옵스에 국한된 것이지만 난 현재 두 개 팀을 퍼실리테이션하고 있다. 한 팀은 운영 팀, 다른 한 팀은 개발 팀이며 두 팀은 데브옵스 팀으로 합쳐지는 과정에 있다. 분리돼 있던 팀이 하나로 합쳐지는 특수한 이슈가 있다. 물론 개인적으로 바라는 이상적인 모습은 이들이 완전한 하나의 팀으로 일하며 개발 팀 구성원들이 운영 팀 구성원들에게 연민뿐만 아니라 공감도 갖게 되는 것이다. 개발 팀 구성원들은 운영 과정에서 어떤 일이 일어나는지 학습할 것이기 때문이다. 운영 팀 구성원들에게도 마찬가지다. 이것은 서로의 지식과 스킬 셋$^{Skill Sets}$을 존중함은 물론 서로에게 배움으로써 데이터를 수집하고, 수집한 데이터에 반응하게 하는 학습 환경을 만드는 데 도움이 된다. 두 팀 사이에는 잦은 갈등이 나타나고 비록 느리지만 회고가 각 팀이 서로를 존중하도록 도왔다.

팀원들은 투표 시스템을 장악하기 위해 마지막 순간까지 투표하지 않고 기다린다. 퍼실리테이터는 투표 시스템을 공정하게 만들 방법을 찾는다.

컨텍스트

사라는 회고를 팀이 자신들의 업무 품질을 평가하고 논의할 기회로 만들고 싶어 한다. 이는 다소 민감한 주제인데, 팀원 중 일부는 업무 품질이 매우 낮다고 생각하기 때문이다. 사라는 오프라인에서 그런 의견을 가진 몇몇 사람과 이야기를 나눴기에 그들의 관점을 미리 알고 있었다. 또한 팀이 공개적으로 업무 품질에 대해 논의한 적이 없다는 점, 업무 품질에 관한 긴장이 모든 미팅의 배경에 숨어 있다는 점도 알고 있었다.

팀원 중 일부가 이번 주에 원격 근무를 하고 있었기에 회고는 온라인으로 진행해야 하는 상황이었다.

사라는 '팀 레이더 회고'(그림 8.1 참조)를 사용하기로 정했다. 이는 거미줄 회고Spider Web Retrospective라 불리기도 한다. 사라는 구글 드로잉스를 이용해 여섯 개의 축(품질 Quality, 고객 가치Customer Value, 테스트 커버리지Test Coverage, 내부 의사소통Internal Communication, 외부 커뮤니케이션External Communication, 재미Fun)을 그렸다.

사라는 이를 활용해 품질에 관한 팀의 생각을 간접적으로 알아볼 수 있었다. 품질을 제외한 다섯 가지 특성이 있었기 때문이다. 팀원들은 여섯 개의 축에 각각 가상 포스트잇 노트를 붙였다. 1점은 가장 낮은 점수, 5점은 가장 높은 점수를 의미하며 이를 통해 그룹 전체의 의견을 시각화할 수 있었다.

모든 구성원이 물리적으로 참여할 수 있는 오프라인 회고였다면 사라는 참여자들에게 메모지에 점수를 적어 자신에게 내도록 했을 것이다. 그리고 익명성을 보호하기 위해 점수를 큰 소리로 읽었을 것이다. 그 후 모든 사람은 투표 결과를 보고 어떤 조치를 할 수 있는지 논의했을 것이다. 하지만 온라인에서 진행된 이번 회고에서 온라인 도구(구글 드로잉스)를 이용할 수밖에 없었기에 참여자들이 익명으로 가상 포스트잇을 사용하도록 했다. 이 방식은 모든 참여자가 투표 과정을 지켜볼 수 있어 다른 투표자들에게 영향을 받을 수 있다는 단점이 있다. 예를 들어 첫 두

표가 품질이 뛰어나다고 평가한다면 품질에 관한 논의를 피할 목적으로 다른 참여자들도 같은 평가에 표를 주게 된다.

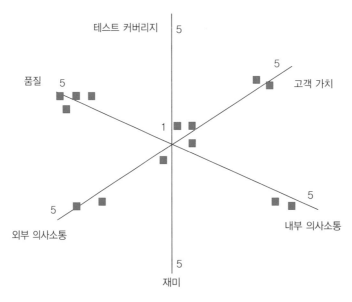

그림 8.1 여섯 개의 주제를 다루는 팀 레이더 회고

일반 컨텍스트

오프라인 회고에서는 익명으로 액티비티를 수행하기 어렵다. 다른 참여자들이 포스트잇 노트를 어디에 붙이는지 볼 수 있고 필체로 노트 작성자를 알아낼 수도 있다. 온라인 회고에서는 필요에 따라 익명성을 유지하기가 훨씬 쉽다. 그러나 절차상 우리가 다른 것들, 예를 들면 타이밍과 같은 것들을 잃지 않으며 모든 사람이 다른 사람의 투표를 보지 않고 투표한다는 것을 보장해야 한다.

안티패턴 해결책

참여자들에게 각자 선택한 것이나 의견을 나타내는 이미지 위에 가상 포스트잇 노트를 드래그 앤 드롭하도록 한다. 이 방식에서는 타이밍이 문제가 될 수 있다. 사람들은 자신의 표를 던지기 전에 다른 사람들이 어디에 투표하는지 보려 하기 때문이다. 또한 오프라인 회고에서는 여러분이 회의실 안을 돌아다니면서 참여자들의 메모를 수거할 수 있지만, 온라인 회고에서는 모든 사람이 투표했는지 확인하기가 어렵다.

결과

사람들이 투표하기 전에 다른 사람의 투표 결과를 보게 되면 자신이 정말로 원하는 의견에 투표하지 않고 '정치적인' 투표 혹은 정치적으로 정정된 투표를 한다. 이들은 팀 안에서 안전하지 못하다고 느끼며 익명 투표로 진행한대도 자신이 표를 던진 결과가 논의로 이어지는 것을 원하지 않는다. 다수의 의견에 동조하지 않는 자신만의 생각을 강하게 이야기해야 하기 때문이다. 이런 현상은 모든 참여자에게 거의 비슷한 방식으로 투표하도록 영향을 미칠 수 있다. 결과적으로 그 이슈에 대한 의견 차이는 가려지고 팀 내부의 긴장 요인이 생성된다.

징후

"난 모든 사람이 투표를 마칠 때까지 기다릴 거예요! 그러고 나서 제가 이야기하고 싶은 주제에 가장 큰 차이를 만드는 곳에 투표할 거예요!" 누군가 이렇게 소리친다면 '정치적 투표' 안티패턴의 징후는 발견하기 쉽다. 둘 이상의 주제가 같은 수의 표를 얻은 경우, 이 사람은 자신이 선호하는 주제(본인이 처음에 선택한 주제가 아니더라도)에 균형을 무너뜨리는 표를 던져 결과를 조정할 수 있다. 다른 참여자들은 나머지 사람들이 투표하는 것을 볼 때까지 투표를 보류하다가 떼를 지어 투표할 수도 있다. 이것이 앞에서 설명한 정치적으로 정정된 투표다.

리팩터된 해결책

이 안티패턴에 대한 리팩터된 해결책은 모든 참여자가 동시에 투표하도록 하는 것이다. 대부분의 온라인 도구들은 즉각적인 투표 기능을 제공한다. 여러분은 참여자 모두에게 "하나, 둘, 셋, 투표!" 구호에 맞춰 참여자가 동시에 표를 '들도록' 요청할 수 있다. 그런 다음 표를 내리도록 한다. 모든 참여자가 동시에 투표함으로써 여러 사람이 원하는 것에 대한 실제적인 이미지를 얻을 수 있다. 여러분이 사용하는 온라인 도구에 이 기능이 없다면 참여자들에게 의견을 다이렉트 메시지로 보내라고 요청하면 된다. 그 뒤 여러분이 모은 표를 팀 레더에 붙일 수 있다. 리트리엄Retrium과 같은 온라인 회고 시스템에서는 투표한 뒤에만 다른 사람의 투표 결과를 볼 수 있기도 하다.

온라인 관점

이 안티패턴은 온라인 회고 컨텍스트에서 나타난다. 오프라인 회고에서는 참여자들의 표를 여러분에게 건네게 함으로써 이를 해소할 수 있다. 그리고 나서 여러분이 참여자에게 받은 표를 직접 보드에 붙인다.

개인적 일화

오랫동안 함께 일했던 팀에서 회고를 퍼실리테이션하고 있었다. 우린 서로를 잘 알았다. 회고는 언제나 온라인에서 진행했고 회고 캔버스로 구글 드로잉스를 이용했다. 이번 회고에서는 팀 레이더 회고를 사용해 팀원들이 업무의 어떤 측면에 집중하고 싶은지 확인하고자 했다.

문제는 팀원 중 한 명이 다른 사람들이 투표를 마칠 때까지 투표하길 원하지 않는 것이었다. 그는 코드 품질이나 테스트 커버리지와 같은 업무 측면 평가에서 자신의 생각이 팀의 의견과 다를 것이라 걱정했다. 투표는 완전히 익명으로 진행됐음에도 코드 품질에 관해 다른 참여자들 모두가 4점 혹은 5점을 줬을 때 자신이 1점 혹은 2점을 준다면 이어지는 논의에서 자신의 특이한 의견을 주장하고 방어해야 함을 알았기 때문이다.

내 관점에서 그의 의견이 필요했고 그것에 순수하게 가치를 뒀다. 팀의 다른 구성원들도 마찬가지였다. 우린 '하나, 둘, 셋, 투표!' 방법을 사용해 문제를 해결했다. 모든 참여자가 동시에 투표함으로써 다른 참여자들의 투표 결과와 관계없이 자신의 의견을 표시할 수 있었다.

2부 :
계획 안티패턴

팀, 정말?^{Team, Really?} …팀 경계가 모호하며 팀원들은 회고에 누가 참여해야 하는지 고민하기에 바쁘다.

직접 해^{Do It Yourself} …퍼실리테이터는 여러 역할을 담당하는데, 이는 퍼실리테이터는 물론 회고에도 최적화되지 않은 것이다. 팀은 때때로 다른 퍼실리테이터를 찾는다.

지연사^{Death by Postponement} …팀이 '진짜 업무'를 하느라 너무나도 바쁜 나머지 회고는 번번이 지연된다. 퍼실리테이터는 팀이 회고의 진정한 가치를 깨닫고 회고 또한 진짜 업무임을 알도록 돕는다.

끝장내기^{Get It Over With} …퍼실리테이터는 팀이 '낭비^{Waste}'하는 시간을 줄이려고 회고를 가능한 한 서둘러 진행한다. 그리고 적절한 회고를 위해서는 논의를 위한 충분한 시간이 필요하다고 결론짓는다.

준비 무시^{Disregard for Preparation} …퍼실리테이터는 첫 온라인 회고에 준비가 얼마나 필요한지 잘못 판단한 후에야 회고를 현명하게 준비하는 방법을 학습한다.

질식^{Suffocating} …팀원들은 피곤하고 허기진 나머지 회고에 집중하지 못한다. 퍼실리테이터는 충분한 간식과 환기로 집중력을 끌어 올린다.

호기심 가득한 관리자 Curious Manager ...관리자는 회고에서 일어나는 일이 궁금한 나머지 현장에 참여해 내용을 듣고 싶어 한다. 퍼실리테이터는 부드럽지만 확고하게 관리자의 참여를 막는다.

눈치 보기 Peek-A-Boo ...팀원들은 온라인 회고에서 얼굴을 드러내지 않으려 한다. 퍼실리테이터는 이유를 이해하고 팀원들이 충분히 얼굴을 보일 만큼 안전한 환경을 조성할 방법을 찾는다.

9장
팀, 정말?

팀 경계가 모호하며 팀원들은 회고에 누가 참여해야 하는지 고민하기에
바쁘다.

컨텍스트

소프트웨어 아키텍처 지식을 충분히 갖춘 사람이 팀에 없던 터라 소프트웨어 아키텍트 1명을 배정받았다. 보는 외부의 도움 없이 자신이 소프트웨어 아키텍트 역할을 할 수 있다고 믿었기에 이 조치를 탐탁지 않게 여겼다. 그러나 입 밖으로 내지는 않았다. 팀이 제 생각을 인정하지 않았음을 시인하는 게 되기 때문이다. 아키텍트는 보의 팀뿐만 아니라 다른 3개 팀에 배정됐고 어느 팀에도 풀타임으로 일하지는 않았다.

아키텍트는 자신의 시간을 4개 팀에 25%씩 나눠 사용하는 것으로 보이지만 우리는 두 가지 이상의 대상에 집중할 때마다 컨텍스트 변환Context Switching 과정에서 일정 시간을 소모한다.[1] 시간의 양은 환경의 수(즉, 컨텍스트 수)에 따라 다르겠지만, 연구 결과에 따르면 10~40% 정도로 추정된다. 컨텍스트 전환에 따른 시간 소모를 줄이기 위해 아키텍트는 누군가 질문을 하거나 회의 참석을 요청할 때마다 팀을 이동하지 않고 각 팀과 이틀씩 협업하기로 했다.

질문할 게 많았던 4개 팀은 아키텍트를 졸졸 따라다니기 시작했다. 그녀가 휴식할 때마다 사람들은 커피 머신 옆이든 화장실이든 장소를 불문하고 줄지어 질문을 퍼부었다. 결국 아키텍트는 개인용 커피를 가져왔고 다른 화장실을 사용하기 시작했다.

한 팀당 이틀씩 협업하기로 한 그녀의 결정에 따라 각 팀이 질문을 하려면 6일을 기다려야 했다. 6일 동안 다른 팀에서 일하기 때문이다. 주말이나 병가, 여행이 겹칠 때면 시간이 더 오래 걸렸다. 스스로 해결책을 찾아야 하는 일이 잦아졌다. 보는 행복을 찾게 됐지만 시스템에는 문제가 있었다. 보의 결정은 때때로 그와 팀의 작업 영역 이외의 부분에 파급 효과를 미쳤다. 문제는 리그레션 테스트에서 나타

---

1   https://productivityreport.org/2016/02/22/how-much-time-do-we-lose-task-switching

난 게 아니라 아키텍트의 가이드라인을 무시하면서 생긴 미묘한 변화로 인해 발생했다. 이 문제들은 아키텍트, 각 팀, 문제를 일으킨 팀 사이의 수치심과 비난을 야기했고 대부분이 보를 향하고 있었다.

일반 컨텍스트

회고 초대 대상을 결정할 때는 많은 사항을 고려해야 한다. 관리자를 참석시켜야 하는가(15장, '호기심 가득한 관리자' 참조)? 학생 인턴을 참석시켜야 하는가? 가끔 우리를 지원하는 전문가를 참석시켜야 하는가? 이들을 모든 회고에 참석시켜야 하는가, 아니면 일부 회고에만 참석시켜야 하는가? 여러 팀과 협업하는 사람들은 자신의 시간을 최적화하길 원하는 경우가 많아서 사교 시간, 스탠드업 회의, 회고 등에 참여하지 않는다.

안티패턴 해결책

협업하는 전문가들을 회고에 초대하지 않음으로써 그들의 시간을 절약하도록 한다.

결과

퍼즐의 중요한 부분이 빠진 회고는 최선이 아니다. 회고의 주요 결과물 중 하나는 팀원들이 지난 스프린트와 한 주, 프로젝트, 한 해가 각자 어땠는지 공유하는 것이다. 효과가 있던 것은 무엇인지, 행복하게 한 것은 무엇인지, 에너지를 준 것은 무엇인지, 그리고 실제 무슨 일이 일어났었는지를 공유한다. 데이터 수집하기 단계에서 팀원 중 한 명 혹은 일부가 "우와, 난 이거 전혀 몰랐는데!"라고 말하는 것을 듣는다. 우린 다른 사람들이 우리가 알고 있는 것을 이미 알고 있으리라 기대하지만, 개방된 사무실^{Open Office}에서 같이 일함에도 사람들이 놓치는 중요한 것들이 존재한다.

팀이 함께 수집한 데이터를 이용해서 만들어진 그림은 팀 안에서 어떤 일이 일어났는지 이해하는 데 매우 중요하다. 수행하기로 한 실험, 즉 팀의 협업 방법 혹은 사용하는 기술에 관한 변화 역시 회고의 중요한 결과물이다. 주어진 상황에서 팀이 적응한 방법이기 때문이다. 팀과 밀접하게 협업한 사람이 회고에서 빠지면 회고에서 결정한 행동들이 받아들여지지 않을 수 있다. 그 결정은 아키텍처, UI, 테스트처럼 회고에 참석하지 않았던 사람이 예상했을지 모를 문제를 일으킬 수도 있다. **검사**와 **적응**은 애자일 개발의 핵심이다.

중요한 것이 한 가지 더 있다. 회고가 팀을 위한 그룹 치료처럼 느껴지며, 팀의 일원으로 느끼면서 공유하는 시작점이라고 말하는 것을 자주 듣는다. 결과적으로 회고에 참여하지 않는 사람들은 팀에 소속감을 덜 느낄 수 있다.

징후

스탠드업 회의에서 회의에 참여하지 않는 사람들의 업무와 관련된 중요한 주제들이 논의된다. 사용자 스토리를 구현하는 데 핵심 역할을 하는 사람이 스토리를 만드는 데 참여하지 않는다. 의견을 참고해야 할 사람과 상의하지 않고 의사 결정이 이뤄진다.

리팩터된 해결책

모든 사람이 팀 회고에 참여한다. 여기에서 모든 사람이란 글자 그대로 '모든 사람'을 의미하지 않는다. 핵심 팀, 이전 업무처리 방식 반영에 필요한 사람들, 이후 협업 방식 결정에 필요한 사람들을 의미한다. 다음 질문은 "필요한 사람들을 어떻게 알 수 있는가?"이다.

팀에 영향을 미칠 수 있는 원(3장, '인 더 수프' 참조) 밖의 이슈나 관리자에게 알려야 할 이슈가 있다면 회고에 관리자가 참석해야 할 것이다. 아키텍트, UX 전문가, 테스터처럼 많은 팀에서 필요로 하는 전문 기술 분야의 사람들도 마찬가지다. 업무가 아키텍처를 바꾸거나, 아키텍처의 변경이 업무에 영향을 미친다면 아키텍트를 초대해야 한다. 테스트는 물론 다른 영역의 전문가들도 같은 논리가 적용된다. 모든 사람이 테스트를 할 수 있으면 되지 않느냐고 반문할 수 있지만 현실은 생각처럼 간단하지 않다. 개발자들이 테스트 방법을 알고 있더라도 테스트 계획을 세우고 전략의 경계를 설정하는 데 테스트 전문가가 필요할 때가 많다. 이런 업무 측면들은 매우 중요하므로 그들이 설계한 경계 안에서 이뤄지는 실제 업무에 관한 정보를 교환하려면 전문가들이 모든 회고에 참석해야 한다고 생각한다.

아키텍트는 아키텍처(혹은 그 주변)를 이용한 업무 수행 방법을 결정하는 과정에 참여해야 한다. 팀에서 덜 중요한 위치에 있는 사람도 팀 내 협업 방식을 결정할 때는 반드시 참여해야 한다.

전문가들이 회고에 참여하지 않는 문제에 관한 일부 해결책은 회고와 관련조차 없기도 하다. 기업은 필요한 스킬을 지닌 전문 인력을 더 많이 고용하거나 기존 구성원이 그 스킬을 습득하도록 훈련시켜야 할 것이다. 아니면 각 프로젝트 초기에 팀이 킥오프 회의를 열어 필요한 사람들과 의사소통하는 방식에 관한 결정을 내리는 등 주어진 상황에 맞도록 협업 방식을 만들 수도 있다.

온라인 관점

이 안티패턴은 회고 초청 대상자 선정에 관한 것이므로 온·오프라인 회고에서 동일하다. 차이점이라면 회고에 초청받은 핵심 팀 이외의 사람들은 온라인 회고에 참여하는 게 더욱 편리하다는 것이다. 원격으로 참석 가능하며 일반적으로 오프라인 회고에 비해 빨리 끝나기 때문이다. 내가 퍼실리테이션했던 회고에서 팀은 회고의 관리자를 일부 단계에서만 초청했는데, 그 역시 온라인 회고였다.

개인적 일화

덴마크의 한 대기업에서 애자일 코치로 일하던 때의 이야기다. 4개 팀이 한 제품의 각기 다른 부분을 맡아 업무를 진행했다. 이들은 필요한 전문 지식과 스킬을 모두 갖춘 교차 기능 팀이었다. 다만 테스터와 UX 전문가, 아키텍트 등 일부 전문가는 인원이 많지 않아 여러 팀에 동시에 속해야 했다. 전문가들은 각자 속한 서너 팀에 시간을 나눠 사용했고, 그들의 결정이 지켜지는 것을 확실히 하기 위해 팀과 함께할 수 없을 때는 각 팀이 가이드라인을 따르는 데 의존해야 했다.

여러 팀에 시간을 나눠 쓰면서 부하가 걸린 전문가들은 꼭 필요한 회의에만 시간을 쓰고 싶어 했다. 결과적으로 그들은 다른 회의에 비해 회고의 가치가 덜하다고 여기면서 회고에 참석하지 않게 됐다. 전문가들이 빠진 한 회고에서 제품의 UX 측면에 관한 논의가 이뤄졌고 과거의 UX 디자인으로 되돌아가자는 결론이 나왔다. 시스템의 특정 부분에 관한 개발 속도를 높일 수 있다고 봤기 때문이다. 팀은 회고에서 포스트잇 노트에 적힌 액션 포인트를 선택하고 초기 UX 디자인으로 개발을 이어갔다.

일주일 후 UX 전문가는 팀으로 돌아와 오전 스탠드업 회의에 참석했다. 사람들은 각자 한 일과 장애물이 무엇이었는지 공유했고, UX 전문가는 초기 버전 UX 디자인을 기반으로 작업이 이뤄졌음을 알게 됐다. 열띤 논의 끝에 초기 UX 버전을 포기한 명백한 이유가 있었음이 밝혀졌다. 불 보듯 뻔한 결과였다.

퍼실리테이터는 여러 역할을 담당하는데, 이는 퍼실리테이터는 물론 회고에도 적합하지 않다. 팀은 때때로 다른 퍼실리테이터를 찾는다.

컨텍스트

사라는 팀이 기민하게 움직이도록 유도해야겠다고 생각했다. 팀원들이 일일 스탠드업 회의에 참여하도록 채찍질해야 하고, 3주간의 스프린트가 끝날 때마다 회고를 진행해야 한다. 모든 회고를 처음부터 끝까지 퍼실리테이션하는 것은 스크럼 마스터인 사라에게 당연한 일이다.

처음에 팀원들은 회고가 흥미롭고 유용하며 심지어 재밌다고 생각했다. 하지만 시간이 흐르면서 회고의 진행 방식에 지쳐갔다. 회고가 더는 신선하지 않고 생산적이지 않아 시간을 낭비한다고 느꼈다. 팀원들은 사라가 능력이 부족한 퍼실리테이터이며 지루하고 비효율적인 회고를 만들었다고 비난했다. 좌절감에 빠진 사라 또한 회고로 얻어낼 것이 더는 없다고 생각했다. 더군다나 회고 과정에서 발생하는 팀의 어떤 긴장이나 의견이 일치하지 않는 일에 직접 관여하지 않도록 주의해야 했다. 사라는 점점 팀에서 떨어져 나가는 것처럼 느껴졌다.

언제나 퍼실리테이션을 해야만 하는 사라의 이슈를 어떻게 반영할 수 있을까?

일반 컨텍스트

기민함을 얻는 데 가장 중요한 것은 검사와 적응이다. 정기적인 회고는 이를 달성하는 명확한 방법이며 누군가는 회고 퍼실리테이션을 해야 한다. 그 '누군가'가 종종 스크럼 마스터가 되는데, 이는 그 자체로는 나쁜 아이디어가 아니다. 그러나 부정적인 결과를 야기할 수도 있다.

안티패턴 해결책

회고 퍼실리테이션은 누가 해야 하는가? 회고 퍼실리테이션은 주로 스크럼 마스터가 하게 된다. 스크럼 마스터들은 자신들이 그 역할에 가장 적합하다고 생각한다. 퍼실리테이션이 스크럼 마스터의 역할이라고 생각하는 경영진 또한 그렇다. 일반적으로 사람들은 퍼실리테이션을 시도하려 하지 않는다.

많은 아티클과 블로그 포스트에서는 스크럼 마스터가 회고 퍼실리테이터의 역할을 해야한 다고 말한다. 내가 함께 일했던 많은 기업도 스크럼 회고 퍼실리테이션을 스크럼 마스터의 역할로 규정하고 있다.

결과

이 안티패턴 해결책에는 두 가지 대안적인 부정적 결과가 있다. 두 결과에서 문제의 핵심은 여러분이 한 회고에서 두 개의 모자를 동시에 쓸 수 없다는 점이다. 회고 퍼실리테이터인 동시에 참여자일 수는 없다. 두 역할 모두 완전한 참여를 요구하기 때문이다.

스크럼 마스터들 또한 팀의 일부이기 때문에 팀 활동과 논의에 깊이 관여한다. 스크럼 마스터들은 퍼실리테이터 역할을 하면서도, 스스로 회고를 통해 이익을 얻기 위해 팀원으로서 참여하길 원한다. 그 결과, 시간을 준수하고 회고가 진행되는 공간의 에너지를 파악하는 퍼실리테이터의 역할(14장, '질식사' 참조)을 잊는다. 또는 상황에 따라 회고 어젠다를 변경해야 할 때 객관성을 유지하기 어려울 수도 있다.

또 하나의 단점은 퍼실리테이터가 역할 수행에 대한 열의가 강한 나머지 투표나 브레인스토밍 과정에서 자신을 완전히 잊는다는 것이다. 결국 팀의 일부로서 스크럼 마스터의 목소리는 전달되지 않는다.

징후

퍼실리테이터가 시간 또는 회고가 진행되는 장소의 분위기를 눈치채지 못하거나, 스크럼 마스터가 회고 후 만족감을 느끼지 못한다면 이 안티패턴에 빠졌음을 알 수 있을 것이다. 팀원들은 "회고는 지루해요", "회고는 시간 낭비예요", "더 나은 퍼실리테이터가 필요해요"라고 말한다. 퍼실리테이터조차 "저도 회고에서 무언가 얻고 싶네요"라고 불평하기 시작한다. 이런 불평 중 일부는 다른 원인이 있을 수 있으며 다음 해결책으로 바로 잡을 수 있다.

리팩터된 해결책

해결책 중 하나는 팀원들이 차례로 회고 퍼실리테이션을 함으로써 모두가 이익을 얻게 하는 것이다. 회고 퍼실리테이션을 한다는 것은 팀원으로서 회고에 참여해서 얻을 수 있는 이익을 덜 얻게 됨을 의미한다. 회고 퍼실리테이션을 할 수 있는 사람이 여럿이라면 좋은 해결책이 될 수 있다. 모든 사람이 퍼실리테이션 스킬을 갖고 있거나 교육을 받았거나 경험이 있는 것은 아니지만, 학습으로 충분히 얻을 수 있는 부분이다. 나는 (컨설턴트로서 언젠가는 해야 할 일이지만) 조직을 떠나기 전에 구성원들에게 회고 퍼실리테이션 방법을 가르쳐 준다. 학습 에너지가 있는 곳에서 시작하는데, 처음에는 한두 사람에게서만 에너지를 찾을 수 있다. 그 역할을 즐기는 첫 번째 학습자들을 보고 퍼실리테이션에 관심이 생긴 다른 사람들이 스킬을 배우고자 하는 두 번째 그룹이 된다. 그들에게 퍼실리테이션의 기본을 가르치고 나를 관찰하도록 하며, 난 그들을 관찰하고 피드백을 준다. 그러면 그들은 스스로 퍼실리테이션을 할 준비가 된다.

내향적인 프로그래머들은 말할 때 자신의 신발을 내려다본다는 말이 있다. 외향적인 프로그래머들은 상대방의 신발을 본다. 다른 참여자의 신발을 확인하는 가치는 따로 설명하더라도, 팀이 이런 사람들로만 구성돼 있다면 돌아가면서 회고 퍼실리테이션을 하기는 어려울 수도 있다. 하지만 팀 외부에서도 도움을 구할 수 있다. 어딘가 퍼실리테이션 스킬을 사용해보고자 하는 사람들이 있을 것이다. 다음 책들을 참고하라. 『Facilitation with Ease!정말 쉬운 퍼실리테이션』(Willey, 2017), 『민주적 결정방법론』(쿠퍼북스, 2017), 『Skilled Facilitator』(JoseyBas, 2002), 『Collaboration Explained효과적인 협업』(Addison Wesley, 2006).

또한 회고 퍼실리테이션을 쉽게 하도록 도와주는 몇 가지 도구[1]도 사용할 수 있다. 예를 들어 리트리엄Retrium에선 특정 유형의 회고를 선택하고, 이를 활용해 회고의 모든 단계에서 필요한 활동을 할 수 있다. 리세스킷Recesskit에 가입하면 재밌고 흥미로운 회고 퍼실리테이션에 필요한 것들을 매달 패키지로 받을 수 있다. 리트로맷Retromat은 회고 단계별로 하나씩, 총 다섯 가지 활동을 선택할 수 있는 온라인 도구로 활용하면 새로운 활동에 관한 영감을 얻을 수 있다. 개인적으로는 다이얼로그 시트Dialogue Sheets를 가장 좋아한다. 앨런 켈리Allan Kelly가 만든 다이얼로그 시트는 마치 보드게임과 같은데, 다이얼로그 시트를 프린트해서 회고는 물론 다른 유형의 회의에서도 사용할 수 있다.

돌아가면서 퍼실리테이터 역할을 하면 각 퍼실리테이터의 새로운 접근 방식이 회고에 새로운 에너지를 더하는 이익을 얻을 수 있다.

팀원들은 퍼실리테이션을 해보면서 올바른 퍼실리테이션이 얼마나 어려운 것인지 배우게 되며, 결과적으로 원활하게 퍼실리테이션된 회고에 감사하게 되는 것을 발견한다. 회고 퍼실리테이션이 쉬워 보일 수 있으나 효율적이고 생산적인 회고를 하기는 쉽지 않을 것이다.

또 다른 해결책으로는 같은 회사 내 다른 팀원을 퍼실리테이터로 초대하는 것이다. 퍼실리테이션 전문가를 외부에서 고용하는 방법도 고려할 수 있다. 특별한 목

---

1 https://www.retrium.com, https://recesskit.com, https://retromat.org, https://www.allankellyassociates.co.uk/dialogue-sheets

적 아래 고용된 외부 컨설턴트로서 많은 회고 퍼실리테이션을 해 봤기에 개인적으로 선호하는 해결책이다(다소 편향돼 있음을 인정한다). 외부 컨설턴트를 고용해 회고 퍼실리테이션을 할 때는 추가 비용이 들겠지만 효과적으로 퍼실리테이션되지 못한 회고 때문에 개발자들의 시간을 낭비하는 기회비용에 비하면 무시할 만한 수준일 것이다.

온라인 관점

이 안티패턴은 퍼실리테이터를 결정하는 문제이므로 온·오프라인 회고에 모두 적용된다. 그러나 리팩터된 해결책은 경험이 적은 퍼실리테이터의 퍼실리테이션이 포함되므로 약간의 차이가 있다. 어떤 면에서 온라인 회고의 퍼실리테이션은 좀 더 쉽다. 온라인 도구(리트리엄 등)를 활용하면 단계별 가이드를 받을 수 있기 때문이다. 게다가 보디랭귀지를 파악하는 경험이 있는 퍼실리테이터의 역량으로 얻을 수 있는 이익을 온라인 회고에서는 얻을 수 없기에 초보 퍼실리테이터 또한 온라인 회고는 경험 있는 퍼실리테이터와 비슷한 수준으로 해내기가 수월하다.

개인적 일화

내가 일하던 회사에서 회고 퍼실리테이션을 원하는 사람, 그리고 할 수 있는 사람은 나뿐이었다. 내가 속한 팀의 회고 퍼실리테이션은 물론, 다른 팀의 회고 퍼실리테이션도 시작했다. 그 일을 좋아하기는 했지만 다른 일을 하는 데 필요한 시간을 빼앗기게 됐다. 또한 앞에서 이야기한 것처럼 내가 속한 팀의 회고를 즐길 기회도 줄어들게 됐다.

우린 퍼실리테이션이 필요한 모든 팀 그리고 퍼실리테이터들과 함께 공유 문서(그림 10.1 참조)를 만들기로 했다. 이 계획의 일환으로 그들 중 몇몇 사람을 좋은 퍼실리테이터가 되도록 지도했다. 한 팀이 회고 날짜를 결정하면 그 뒤에 퍼실리테이터 중 한 사람을 섭외할 수 있었다. 이런 방식으로 다른 팀의 누군가를 퍼실리테이터로 섭외할 수 있었고 퍼실리테이터 그룹을 만들어 여러 가지 이익을 얻었다.

첫 번째, 스크럼 마스터를 포함한 모든 팀원이 자신의 팀과 함께 회고를 통해 공유된 학습을 즐기고, 다음 스프린트에서 시도할 것들을 결정할 수 있었다.

두 번째, 퍼실리테이터는 논의에 깊이 엮이지 않고 퍼실리테이션에만 집중할 수 있었기에 시간 관리, 회고 장소의 에너지 확인, 보디랭귀지 확인이나 퍼실리테이션의 다른 중요한 부분을 모두 수행할 수 있었다.

팀/날짜	6/1	6/16	6/30	7/15	7/30	8/15	8/30	9/15	9/30
ThhFabulous4	아이노		아이노		아이노		안드레아		아이노
UniconrswithRainbows		르네			르네			르네	
FooBar	킴		킴		킴		킴		킴
MemeGenerators	르네		아이노		르네		아이노		르네
GrumpyOldMen	보				보				보
퍼실리테이터									
아이노								X	
르네			X			X	X		
킴									
보									
안드레아	X		X	X					

그림 10.1 퍼실리테이터 순환

세 번째, 퍼실리테이터마다 스타일과 에너지 수준이 달라서 새로운 퍼실리테이터가 진행하는 회고는 팀에 좋은 자극이 된다. 어떤 회고든 같은 퍼실리테이터를 원하는 팀이 있는가 하면, 회고마다 다른 퍼실리테이터를 원하는 팀이 있었고, 퍼실리테이터에 크게 신경 쓰지 않는 팀도 있었다.

네 번째, 다른 팀의 회고에 참여해 여러분의 팀을 위한 아이디어를 얻을 수 있다

(몹 프로그래밍, 오후 시간에만 회의 진행 등). 회고 규칙 중 하나는 회고를 진행하는 공간에서 공유된 이야기는 모든 사람의 동의가 없는 한 밖으로 나가지 않는다는 믿음이 있어야 한다는 것이다. 이것은 '베가스 규칙 ^{Vegas Rule}(라스 베가스에서 일어난 일은 라스 베가스에만 머물러야 한다)'이라 불리기도 한다. 여러분의 팀에 가서 다른 팀원들이 무엇을 고민하고 있는지 말하라는 것이 아니다. 여러분이 퍼실리테이션한 팀에 테스팅 프로세스를 위한 흥미로운 실험이나 동료 리뷰를 하는 재미난 방법이 있다면 그것을 '빌릴' 수 있다는 것이다.

'호기심 가득한 관리자(15장)' 안티패턴이 이와 관련 있다. 관리자들은 때로 '무슨 일이 일어나고 있는지 알기 위해' 혹은 팀원에게 지시를 내리기 위해 회고 퍼실리테이터가 되길 제안한다. 15장에서 설명하겠지만 퍼실리테이터인 관리자가 항상 이로운 것은 아니다.

팀이 '진짜 업무'를 하느라 바쁜 나머지 회고는 번번이 지연된다.
퍼실리테이터는 팀이 회고의 진정한 가치를 깨닫고 회고 또한 진짜
업무임을 알도록 돕는다.

컨텍스트

우리의 작은 팀에 몇 가지 문제가 생겼다. 버전 관리 시스템^{VCS, Version Control System}에 커밋된 코드가 나머지 시스템에 커밋할 수 있을 정도로 좋지 않은 형태였다. 테스트와 통합에 실패했고 변경한 내용을 되돌려야만 했다. 이는 코드뿐만 아니라 코드에 의존하는 다른 코드도 되돌려야 함을 의미했다. 두려움이 생겨났고 나쁜 코드의 원인을 찾기 시작했다. 몇몇 사람은 피터가 더 단순하거나 관련 없는 문제를 맡아야 한다고 생각하기 시작했다. 팀원들은 두려움이 커졌지만, 곧 회고가 열릴 것을 알았기에 회고에서 이 문제를 논의할 수 있을 것으로 생각하며 참고 기다렸다.

회고에서는 비난이 봇물 터지듯 쏟아져 나왔고 수많은 공격이 있었다. 결론적으로 회고 자체는 성공적이었다. 사라가 코드 품질과 좋은 코드가 시스템에 미치는 의미에 관한 논의를 이끌면서 비난을 잠재웠기 때문이다. 팀은 더 나은 코드 품질을 달성하기 위해 다음 스프린트에서 시도할 실험으로 코드 규칙과 짝 프로그래밍을 선택했다. 회고에서는 새로운 문제가 발견되지 않았고 새로운 소식도 공유되지 않았다. 특정 문제에 관한 논의만 이뤄졌을 뿐이다.

일반 컨텍스트

팀은 회고가 문제나 사고를 공유하는 장이라고 학습한다. 팀원들은 이 합의에 만족한다. 문제를 논의할 수 있는 구조화된 방법이 있음을 의미하기 때문이다. 또한 많은 팀원이 잘못된 것에 대해 이야기하길 꺼리기에 이런 논의를 연기하면 기분이 좋아진다.

안티패턴 해결책

일정 기간 정기적으로 회고를 한 팀들은 회고가 문제를 논의하는 장이라고 받아들이는 경향이 있다. 그렇기에 스프린트가 진행되는 동안 문제에 대한 논의로 시간을 '낭비'하길 원치 않는다. 화나거나 두려운 일이 생겨도 다음 회고 때까지 그일들을 잊으려고만 한다.

결과

이 안티패턴 해결책은 중요한 두 가지 부정적인 결과를 낳는다. 첫째, 문제를 해결하기 위해 3주(스프린트 기간)나 기다려야 한다면 해결책을 찾는 시점이 늦어지며, 발생한 문제가 즉시 해결되지 않았을 때 더 큰 문제의 원인이 될 수도 있다. 누군가는 스트레스를 너무 많이 받아 자기 일을 하지 못하거나 팀이 잘못된 방향으로 일하게 될 수도 있다. 문제를 해결하기 위한 시간을 기다리느라 중요한 시간이 낭비된다.

둘째, 회고할 때까지 모든 것을 미룬다면 회고에서 다룰 문제가 너무 많아져 시간이 부족해진다. 결과적으로 문제가 발생했을 시점에 몰랐던 것들을 충분히 탐색하지 못할 수 있다. 사건을 전체적인 그림 혹은 다른 사람의 관점으로 보는 것이 회고의 묘미다. 사건에 관한 지식과 반응을 공유하는 것은 그를 근거로 실행할 실험을 결정하는 것만큼 중요하다.

징후

데이터 수집하기 단계가 하나 혹은 소수의 몇몇 주제에 집중되고 있음을 느낀다면 '지연사' 안티패턴의 징후로 볼 수 있다. 스프린트 기간에 팀과 밀접하게 일하면서 "이건 회고 때 논의하자" 혹은 "이건 회고에서 다룰 문제야"라는 말을 들었을 수도 있다. 하지만 정작 회고에서는 다룰 문제가 너무 많아 몇몇 이슈는 언급조차 되지 않을 수도 있다.

이 안티패턴은 그 자체로 문제의 징후다. 팀이 중요한 이슈를 논의하기 위한 회고 계획을 퍼실리테이터에게만 맡긴다면 자기 조직화된 팀이 아니다. 그렇기에 여러 분이 퍼실리테이터로서 이 안티패턴을 알게 되면 팀이 그렇지 못했더라도 여러분 은 팀과 함께 이 문제에 대해 논의하길 원할 것이다.

리팩터된 해결책

3주에 한 번 진행하던 회고를 2주에 한 번 진행한다. 회고 간격이 늘면 사건이 일 어났을 때 어떤 느낌이 들었는지 기억하기 어렵기 때문이다. 일부 팀들, 특히 몹 프로그래밍 프랙티스를 사용하는 팀들은 매일 아침 회고로 전날 학습한 내용을 확인한다. 이런 경우에 회고 자체는 자연스럽게 매우 짧아진다.

학습을 위해 회고 시간을 별도로 떼어 놓고 3~4주에 한 번씩 회고를 진행하는 팀 도 있다. 이럴 때는 문제가 일어난 시간과 해결책을 발견한 시간의 간격이 커질 수 있다. 발생한 문제를 논의하기 위해 회고를 기다리는 대신, 문제가 일어난 시 점에 바로 해결하라. 예를 들어 **지속적인 회고 타임라인**Continuous Retrospective Timeline(그 림 11.1)을 활용할 수 있다. 린다 라이징은 이 방법을 **실시간 회고**Real-time Retrospectives 라고 부르면서 내게 설명해줬다.

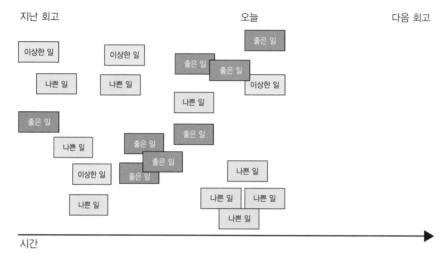

지난 회고   오늘   다음 회고

이상한 일   이상한 일   좋은 일

나쁜 일   나쁜 일   좋은 일 좋은 일

                              이상한 일

                    나쁜 일

좋은 일

    나쁜 일   좋은 일   좋은 일

        이상한 일   좋은 일   나쁜 일

            나쁜 일   좋은 일

                                        나쁜 일 나쁜 일

                              나쁜 일

시간

그림 11.1 지속적인 회고 타임라인

이것은 『애자일 회고』에 설명된 타임라인 회고 액티비티를 구현한 것이다. 모든 사람이 매일 타임라인을 볼 수 있을 때 가장 큰 효과를 얻을 수 있으므로 가능한 한 프로젝트 공간에 붙여 둔다. 그럴 수 없다면 온라인 공간에 게시해도 된다. 프로젝트 공간(혹은 온라인 공간)에 지속적인 회고 타임라인을 두면 팀원들은 행복이나 슬픔 혹은 화를 느끼는 상황이 생기는 즉시 포스트잇 노트에 적어서 붙일 수 있다. 이렇게 하면 여러분은 스프린트 기간에 사람들에게 무슨 일이 일어났는지 함께 볼 수 있다. 포스트잇 노트는 익명으로 추가할 수 있어야 하고 타임라인이 비난의 대상이 되지 않도록 누군가가 소셜 네트워크의 중재자 역할을 해야 한다.

지속적인 회고 타임라인에 빨간색 포스트잇 노트(부정적인 의미)가 쌓이면 회고 일정과 관계없이 대화가 필요한 시점일 수 있음을 의미한다. 타임라인을 설정할 때는 해당 문제에 대해 구조화된 논의가 필요하다고 판단했을 때, 누구든 즉시 회의나 회고를 소집할 수 있다는 데 기반을 둬야 한다. 이 해결책에는 두 가지 장점이 있다. (1) 문제를 즉각적으로 다룰 수 있고 (2) 정기적으로 계획된 회고에서 새로운 이슈를 다루는 데 충분한 시간을 확보할 수 있다.

실시간 타임라인을 사용하는 몇몇 회사를 알고 있다. 이들은 스프린트가 진행되는 동안 여러 즉흥적인 회고로 많은 문제를 해결하기 때문에 다음 회고를 짧게 진행할 수 있다. 그러나 대부분의 회고는 계획대로 진행된다. 회고에서 결과를 얻어내기 위한 올바른 마인드셋을 준비하는 데 시간이 필요해서다.

온라인 관점

온라인 회고를 진행할 때 나는 지난 회고 직후 데이터 수집하기 단계에서 사용할 온라인 문서를 만든다. 이런 방식으로 팀원들은 회고와 회고 사이의 온라인 문서에 아이템을 추가할 수 있고, 어떤 일이 일어나는지 볼 수 있다. 하지만 여러분은 팀원들에게 온라인 문서의 존재를 알려서 아이템을 추가하도록 상기시켜야 한다.

개인적 일화

회고 장소에 들어서자마자 코끼리가 있음을 느낄 수 있었다. 지난 1년 동안 회고 퍼실리테이션을 했던 팀이었다. 처음에는 그렇지 않았지만, 이제 이들은 회고를 기대했고 회고가 그들에게 환기와 공유 웃음을 주며, 훌륭한 팀을 놀라운 팀으로 천천히 매끄럽게 바꿔 줄 실험을 찾아내는 기회라고 생각했다. 팀은 실제로 회고와 함께 성장하고 있었다.

우린 평소와 같이 회고를 시작했다. 돌아가면서 지난 스프린트에 관한 감상(몇몇 이야기는 큰 관련이 없지만 중요한 내용은 아니다)을 간단히 나눈 후 지난 회의에서 결정했던 실험을 돌아보고 그 상태를 공유하며 기대했던 결과를 얻었는지 확인했다.

초반 단계에서 다음 단계로 넘어가는 데 오랜 시간이 걸리기도 한다. 참여자들이 서로 다른 방식으로 이벤트를 경험했기 때문이다. 그러나 이번 회고에서는 매우 빠르게 마쳤다. 계획했던 실험 세 가지 중 두 가지를 실행했고 마지막 한 가지는 실행하지 못했다. 난 이 내용을 작은 검은색 노트에 적었다. 지난 회고 이후의 데이터를 수집하는 단계에서는 타임라인을 사용했다. 개인적으로 무척 선호하는 방법이었고, 이 팀에서도 세 번에 한 번꼴로 회고 때마다 사용하기도 했다. 팀은 새로운 시도를 좋아했지만 이미 알고 있는 것에도 감사를 표했다.

타임라인은 방 안에 있던 코끼리의 모습을 깨달은 첫 번째 장소이기도 했다. 타임라인을 보면 모든 항목은 어떤 방식으로든 코끼리와 연결돼 있다. 모든 참여자는 최근 경영진의 변화에 초점을 맞추고 있었다. 팀원들은 일주일 전에 상사가 퇴사한(해고됐을 수도 있다) 일이 자신들에게 어떤 영향을 미칠지 몰라 두려워했다.

6개월이 채 되지 않았을 때도 비슷한 일이 있었다. 결론부터 말하자면, 팀에 정말 좋지 않은 영향을 미쳤다. 직속 상사가 해고됐고 팀원 중 한 명은 다른 사무실로 옮겨야 했다.

팀 전체가 이 상황에 관해 이야기하고 싶어 했으며, 이는 각자의 걱정을 공유할 수 있을 만큼 안전함을 느낀다는 것이기에 고무적이었다. 한 가지 아쉬운 게 있다면 경영진의 변화에 대해 느끼는 점과 가능한 대처 방안에 관한 이야기는 굳이 회고가 아니더라도 언제든 의견을 나눌 수 있다고 생각하지 않았다는 것이다.

난 정기적인 회고가 잘 반영되도록 돕길 원하며, 사람들이 매일 반영을 통해 바꿔야 할 것을 바꾸게 되길 바란다. 내게 그것은 다이어트를 하려고 월요일까지 기다리는 것과 똑같다. 나중으로 미루는 것은 경험이나 효과 증진에 전혀 도움이 되지 않는다.

12장
끝장내기

퍼실리테이터는 팀이 '낭비'하는 시간을 줄이려고 회고를 가능한 한 서둘러

진행한다. 그리고 적절한 회고를 위해서는 논의를 위한 충분한

시간이 필요하다고 결론짓는다.

컨텍스트

다양한 안티패턴을 경험한 팀은 회고를 경계하게 됐다. 사라 또한 과거에 경험한 안티패턴의 부정적인 피드백과 편치 않은 상황들로 회고에 관한 열정을 잃었다. 그래서 개발자들이 '진짜 업무'를 할 수 있도록 회고 시간을 1.5시간에서 1시간으로 줄이자고 했을 때 두말없이 동의했다.

몇 개월 후, 회고 시간은 30분이면 충분하다고 결정됐다. 회고는 (역설적으로 말하자면) 느리지만 확실하게 자리에 앉아도 되는 스탠드업 회의 정도에 머물렀다. 항상 같은 방에 들어가서 어떤 일이 있었는지 돌아가면서 이야기했다. 상태 공유를 미리 마친 날은 아침 스탠드업 회의를 건너뛰었다. 스테판 울퍼스 Stefan Wolpers는 그의 블로그에서 스프린트 회고에서의 이 안티패턴을 **다급한 회고** Rushed Retrospective라고 명명했다(2017).

일반 컨텍스트

개발자들은 스스로 가치를 만드는 시간이 코드를 작성하는 시간뿐이라고 배운다. 그러므로 코드 작성 시간은 다른 태스크에 사용하는 시간보다 훨씬 중요하며, 회고에 사용하는 시간은 낭비라고 여기기도 한다. 사람들이 회고에 적은 시간을 들여서 회고로 아무런 이익도 얻을 수 없게 되면 이는 그 자체로 성립하는 예언이 된다. 나쁜 회고는 1장, '운명의 수레바퀴'에서 설명했듯 시간 낭비일 뿐이며, 2장, '제1원칙 무시'에서 설명한 것처럼 때로는 아무것도 하지 않는 것이 나쁜 회고를 하는 것보다 나은 결과를 가져올 수도 있다.

안티패턴 해결책

회고가 지루해지기 시작하면 팀은 회고에 쓰는 시간을 점점 줄이게 되고 회고는 불만을 토로하는 세션[1] 혹은 상태 공유 회의가 돼 버린다. 결국 회고가 사라지면서 학습과 적응을 위한 기회도 함께 사라진다. 스토리 공유는 더욱 어려워지고 회고가 약속했던 개선은 실질적인 의사소통을 자주 하고 밀접하게 협업하는 팀 혹은 분산된 업무를 지원하는 팀에서만 일어난다.

결과

회고에 사용하는 실질 시간이 줄어든다. 그렇게 절약한 시간은 회고를 통해 피할 수 있는 오류와 의사소통 문제를 해결하는 데 들어간다. 추가적인 시간은 사람들이 각자의 지식과 기술을 들고 떠나면 사라져 버린다. 이들은 업무 환경이나 팀 내 의사소통에 만족하지 않기 때문이다.

징후

사람들이 "이번 회고는 생략하죠. 지금 무척 바빠요. 이번 딜리버리를 하고 나면 회고를 할 수 있을 거예요" 혹은 "회고 시간을 좀 더 줄일 수 없을까요? 15분 줄인다고 뭐가 달라지겠어요?"라는 말을 듣는다. 심지어 회고 참여자들이 컴퓨터로 일을 하거나 전화기를 보거나, 그들에게 중요한 무언가 일어나기만 기다리고 있음을 알아채게 된다.

리팩터된 해결책

여러분은 이러한 문제를 어떻게 해소하는가? 회고의 인기가 수그러들고 서서히

---

[1]   대니얼 테호스트 노스(Daniel Terhost-North)는 이를 '후회 회고(regrettospective)'라고 불렀다.

사라져가는 상황을 말이다. 사전에 구체적인 결정 혹은 논의 없이 이런 상황이 발생하면 기본으로 돌아가곤 한다. 왜 회고를 하려고 생각했는지 그들에게 물어본다. 경영진이 요구해서였는지, 팀 스스로를 위한 것이었는지 등을 묻는다. 그리고 팀원들이 회고를 통해 얻은 것이나 놀랐던 것(서로에 대해 배운 것, 팀원들 사이의 협업 또는 업무에 영향을 준 의사소통의 역동 등)에 관해 질문한다.

팀원들에게 이미 긍정적인 답변이 있었기에 이 질문들은 답하기가 어렵다. 팀은 회고를 없애려 하지 않을 것이다.

여러분은 퍼실리테이터로서 회고 과정에서 일어났던 일이나 공유했던 실험을 포함해 모든 것을 팀에게 다시 상기시켜야 할 수도 있다. 그러려면 여러분이 퍼실리테이션했던 회고에서의 액션 포인트, 실험, 놀라움 혹은 주요 사항을 빠짐없이 기록해 둬야 한다. 회고를 진행하는 동안 상세한 기록을 남길 필요는 없다(그럴 시간도 없을 것이다). 그러나 큰 사건에 관한 간단한 메모를 남기거나, 회고를 마칠 때마다 팀이 시도하기로 한 것들을 적어 둘 수 있다.

'직접 해' 안티패턴(10장)에서 설명했던 것처럼 새로운 액티비티 혹은 새로운 퍼실리테이터(어쩌면 외부 퍼실리테이터)와 회고를 다시 시작할 수도 있다. 이는 회고를 통해 반영하기로 한 경영진의 결정을 뒷받침하는 데 도움이 되기도 한다. 놈 커스가 내게 매우 현명한 말을 한 적이 있다. "여러분은 회고를 할 수 없어요. 아무도 회고를 원하지 않기 때문이죠. 그렇지만 그들이 알고 있는 문제에 대한 해결책은 팔 수 있어요." 물론 **판다**는 것은 '사람들에게 가치가 있다고 확신시키는 것'을 의미한다.

애자일 플루언시 진단(7장, '할 말 없음' 참조)과 같은 평가 방법을 사용하면 팀은 회고가 어느 영역에 가장 유용한지 시각화할 수 있다.

온라인 관점

이 안티패턴은 회고 시간 설계와 관련 있다는 점에서 온·오프라인 회고의 차이가 크지 않다. 온라인 회고에서 참여자의 집중력을 최대한 잃지 않게 하려면 오프라인 회고에 비해 짧은 시간 안에 끝내야 하고 휴식과 같은 구조를 마련해 분위기를 환기할 시간을 확보해야 한다. '진짜 업무' 시간을 확보하기 위해 휴식 시간을 없애고 싶어 하는 사람도 있지만, 여러분은 회고에서 이런 추가 시간을 지켜야 한다고 주장해야 할 수도 있다. 오프라인 회고에서도 그렇듯 회고에는 가치가 있고 휴식에도 분명한 목적이 있음을 확신시켜야 한다.

개인적 일화

개인적으로 '끝장내기' 안티패턴에 빠져 있을 때가 많다. 이 안티패턴은 늘 같은 퍼실리테이터와 팀이 협업하면서 같은 액티비티를 반복할 때 일어나곤 한다. 회고를 통해 얻을 수 있는 것이 점점 줄어드는 것처럼 보이며 결과적으로 시간 낭비라고 느껴진다. 적어도 코드를 작성하는 시간보다 가치가 덜 하다고 생각된다.

언젠가 팀이 회고에서 아무것도 얻지 못하고 있다는 소문을 들었다. 난 앞으로 함께 보낼 1시간 30분 동안 무엇을 얻고 싶은지 팀에 질문하는 것으로 회고를 시작했다. 두 사람이 "아무것도 없다"라고 답했다. 내 경험이 부족하거나 이들을 알지 못했다면 답변을 듣고 정신이 혼미해졌을 것이다. 그러나 그들의 대답은 오히려 호기심을 자극했고 이번 회고를 더욱 훌륭하게 만들어야겠다는 의지를 불러일으켰다.

난 그들이 무언가를 논의하기로 하든 그렇지 않든 스스로 정하고 깨닫게 했다. 또한 그들이 회의를 마치고 자리에서 일어났을 때 한 가지에서 세 가지 정도의 실행할 수 있는 실험이 있는지, 실험을 진행할 책임자를 명확히 했는지, 실험을 위한 시간대는 설정했는지를 확인했다. 회고가 끝난 후 실험으로 무엇을 얻었는지 팀에 질문했다. 그들의 결정은 이슈나 어려움을 따라가면 알 수 있었기에, 이는 쉬운 대답이었다. 경험상 회고가 시각적 가치를 제공하면 코드 작성에 목숨을 건 개발자에게도 이길 수 있다. 20장, '부정적인 사람' 안티패턴에서도 보겠지만 여러분에게 혹독한 비판자가 가장 좋은 대변자가 될 수도 있다.

다른 팀의 일화를 하나 더 소개한다. 수년간 그 팀의 회고 퍼실리테이션을 했지만, 팀은 이룬 게 없다고 느꼈다. 다음 회고에서 난 지난 6개월 동안 팀이 수행하고 결정했던 모든 실험을 화이트보드에 늘어놓았다. 포스트잇 노트마다 실험을 하나씩 적었고 보드를 몇 개 공간으로 나눴다. 완료한 아이템을 위한 공간, 이제는 필요하지 않은 아이템을 위한 공간, 여전히 관련 있는 아이템을 위한 더 큰 공간들을 표시했다. 관련 있는 아이템을 위한 공간에는 세로로 선을 긋고 위쪽에는 장기 목표를 의미하는 '장기^{Long Term}'를 적고, 아래쪽에는 오늘이라도 시작할 수 있는 실험을 의미하는 '액션 포인트^{Action Points}'를 적었다(그림 12.1).

그림 12.1 지난 회고들의 액션 포인트

팀과 함께 포스트잇 노트들을 살펴보며 각각 어떤 기준에 해당하는지 생각했다. 대부분 완료^{Done}로 분류됐고, 팀은 완료된 아이템에서 무엇을 배웠는지 짧은 이야기를 나눴다. 심지어 '매일 아침 좋은 아침이라고 인사하기'와 같은 작은 것들도 팀에 변화를 줬음을 알 수 있었다. 시기적인 문제나 잊어버려서 완료하지 못한 몇 가지는 필요 없는 것들로 분류됐다. 이런 이슈에는 시간을 많이 들이지 않았다. 마침내 즉시 시도해볼 수 있는 몇 가지 실험과 너무 규모가 커서 목표를 달성하려면 좀 더 구체적인 회의가 필요한 몇 가지 이슈만 남기게 됐다.

이후 디브리핑 단계에서는 사소한 변화라도 얼마나 큰 영향을 줄 수 있는지, 향후 실험을 즉시 실행할 수 있게 만들거나 더 작은 단계로 나누기 위한 후속 회의 계획의 필요성에 관해 우리가 얼마나 잘 알고 있어야 하는지를 이야기했다.

퍼실리테이터는 첫 온라인 회고에 준비가 얼마나 필요한지 잘못 판단한 후에야 회고를 현명하게 준비하는 방법을 학습한다.

컨텍스트

지구 반대편에 사는 전문가 한 명이 팀에 합류하게 됐다. 사라는 이제 새로운 팀원을 데리고 분산된 회고를 퍼실리테이션해야 한다. 수년간의 회고 퍼실리테이션 끝에 팀원들에게 효과적인 액티비티가 무엇이고, 팀원들 스스로 효과적이라고 믿은 것이 무엇인지를 알고 있었다. 이 액티비티들이 온라인 회고에서도 효과가 있을지 확신하기 어려웠지만, 너무 바쁜 나머지 분산된 회고와의 차이가 얼마나 큰지 학습하지 못했다. 사라는 빈 문서를 공유하고 화상 회의 도구로 팀을 초대해 분산된 온라인 회고를 세팅했다.

회고 시간이 가까워지자 사라는 비디오를 연결하고 회고 참여자에게 공유한 문서를 확인했다. 불행히도 회고가 시작됐어야 할 시간에 로그인한 사람은 새로이 합류한 전문가와 두 명의 기존 팀원뿐이었다. 팀원 모두가 로그인하기까지 약 6분이 더 걸렸고, 사라는 회고를 시작하면서 했던 질문을 두 차례나 더 반복해야 했다. 모든 참여자가 로그인을 마칠 것이라 예상했던 시각 이후에도 참여자의 로그인이 이어졌기 때문이다.

마침내 참여자 전원이 화상 회의 시스템에 로그인을 마쳤지만, 공유된 문서에서 볼 수 있는 인원은 다섯 명에 불과했다. 사라는 공유된 문서에 접근하지 못한 나머지 인원의 신음을 들었다. 잘못된 링크를 사용한 사람이 있는가 하면, 비밀번호를 잊어버린 사람도 있었다. 그러는 동안 다시 5분이 흘렀다. 전체 회고 시간 60분 중 11분이 날아갔다. 사라는 좌절했지만 팀이 눈치채지 못하도록 노력했다. 데이터 수집하기 단계에서 그녀는 참여자들에게 좋아하는 것, 좋아하지 않는 것, 궁금한 것에 관해 세 줄을 입력하도록 요청했다. 세 번째 아이템이 문서에 추가됐다. 새로 팀에 합류한 전문가가 이슈에 관한 장문의 글을 쓰기 시작했고 르네가 의견을 덧붙였다.

르네와 전문가는 논의를 시작했다. 사라는 온라인 회고에서 보디랭귀지를 사용해 팀의 주의를 끌거나 다음 단계로 넘어가라는 지시를 할 수 없었기에 둘의 대화를 끊을 수 없었다. 온라인에서는 세팅을 바꾸기 어렵다는 것을 새삼 깨달았다. 사라가 가진 문서는 하나뿐이었기에 오프라인 세팅이라면 이용할 수 있는 방법들, 즉 새로운 액티비티를 이용해 소규모 그룹으로 논의하게 하거나 더 많은 이슈를 적도록 할 수 없었다.

정해진 시간이 지나 회고는 끝났지만 팀이 다룬 주제는 고작 한 개에 불과했다. 참여자 대부분은 회고가 끝나기도 전에 메일함을 보기 시작했고 액션 포인트나 실험, 혹은 교훈에 관한 정리도 없었다. 회고의 탄력 같은 것은 전혀 찾아볼 수 없었다.

일반 컨텍스트

팀은 여러 지역에 나뉘어 있고 온라인 회고는 점점 보편화되고 있다. 온라인 세팅은 회고 퍼실리테이션의 모범 사례와 맞지 않는 듯하다. 퍼실리테이션은 보디랭귀지 읽기, 큰 소리로 말하지 않는 것들에 귀 기울이기, 사람들이 어디에 어떻게 서서 누구와 귓속말을 주고받기로 선택하는지 등을 살피는 것에 영향을 받기 때문이다. 이 액티비티들은 온라인에서 수행하기 어렵거나 불가능하다. 또한 참여자들이 전화기를 사용하거나 이메일을 읽는 등의 행동을 하지 않음으로써 서로에 대한 존중을 보여주는 것이 회고의 중요한 부분 중 하나다. 온라인 회고에서는 이런 존중을 확보하기 어렵다.

온라인 회고는 짧게 완료돼야 한다. 나는 온라인 회고 시간을 45분에서 75분 사이로 유지한다. 일반적으로 오프라인 회고에서는 회고 장소를 걸어 돌아다니는 등의 신체 활동을 하지만, 이런 움직임이 없다면 사람들의 주의를 오랫동안 유지하기 어렵다. 물론 향후에는 기술력으로 충분히 해결할 수 있는 부분이겠지만, 아직은 그렇지 않다. 그리고 이보다 긴 온라인 회의 일정을 잡기도 어렵다. 지역 분산으로 인해 사람들이 모두 참여하기 어렵거나 시간대가 다를 수도 있다. 식사, 수면, 자녀의 등하교 시간 등을 고려해 회고 시간을 조정해야 한다.

'준비 무시' 안티패턴은 종종 분산된 회고에서 반복되며 커다란 결과를 낳는다. 회고 퍼실리테이터는 충분한 안내 없이 온라인 회고를 퍼실리테이션해 달라는 요청을 받는다. 원래 함께했던 퍼실리테이터의 몸이 불편할 수도 있다. 새로운 퍼실리테이터는 준비 시간을 충분히 갖지 못한다. 또한 새로운 퍼실리테이터가 온라인 회고 퍼실리테이션을 진행한 경험이 없다면 온라인 회고에 따르는 추가적 어려움을 전혀 모를 수도 있다.

안티패턴 해결책

때때로 회고는 화상 회의 일정(밋^{Meet}, 줌^{Zoom}, 스카이프^{Skype}, 팀즈^{Teams} 등) 초대와 함께 참여자들에게 온라인 문서(구글 드로잉스, 미로^{Miro}, 뮤랄^{Mural} 등)를 배포하며 세팅된다. 누군가가 회고 주제를 공유했을 수도 있지만, 그게 아니라면 이는 "참석해 보면 알게 될 거야"의 한 예시일 뿐이다.

결과

온라인 회고의 리마인더는 일정표에 설정된 기술적인 알림이 전부다. 오프라인 회의에서는 동료들이 자리에서 일어나 회의실로 가는 모습을 볼 수도 있다. 결과적으로 참여자들은 온라인 회의 시작 시각에 딱 맞춰 참석하거나 몇 분 정도 늦을 때가 많다.

퍼실리테이터는 대상 인원 열 명에 소요 시간 60분으로 계획했던 회고를 5분 늦게 시작하게 된다. 남은 시간 동안 '무대 설정하기, 데이터 수집하기, 인사이트 생성하기, 할 일 결정하기, 회고 마무리하기' 단계를 진행해야만 한다. 회고 준비를 하지 않으면 다음과 같은 일이 벌어질지도 모른다. "좋아요. 회고에 잘 오셨어요. 공유할 주제를 가진 분이 있을까요?"라는 질문에 이어 누군가가 마음속에 있던 주제로 이야기를 시작한다. 퍼실리테이터가 적절한 시간 안에 이 사람을 막지 않으면 다른 사람들이 공유하려는 주제는 들어보지도 못하고 첫 번째 사람이 제시한 주제로만 빙빙 도는 회고가 될 수 있다.

오프라인 회고에서는 퍼실리테이터가 다른 참여자들이 무언가 공유하려 기다리고 있음을 쉽게 알아채고 논의의 흐름을 정렬할 수 있다. 대면 회의에서는 사람들의 표정이나 행동을 읽고 그에 맞는 액티비티를 선택하기가 쉽다. 물론 이런 회고에도 준비는 필요하다. 하지만 퍼실리테이터가 회고 공간에서 일어나는 흐름을 관찰하고 상황에 맞는 액티비티를 찾을 수 있다면 할 일의 수행이 한층 쉬워진다.

회고에서 특정 주제에 너무 일찍 집중하게 되면 누군가에게는 꼭 논의해야 할 중요한 주제일 수 있지만, 다른 의견은 반영되지 않고 모든 사람이 논의해야 할 주제와 관련돼 있다는 합의에 이르지 못할 수 있다.

회고 내용은 적절한 시점에 정리해야 한다. 온라인 회의에서의 이탈은 오프라인 회의실에서 물리적으로 나가는 것보다 사회적 장벽이 낮으므로 참여자들이 로그오프를 하거나 다른 회의실로 이동하면서 회고가 갑작스럽게 종료기도 한다. 최악의 경우 온라인 회고는 말하기를 심히 좋아하는 '거대한 입(18장)'들의 축제 또는 실험에 관해 완전하게 합의하지 않은 몇몇 참여자만의 논의가 될 수 있다. 이들은 상태 공유 회의, 즉 회고의 영혼을 파괴하는 사악한 쌍둥이가 된다.

징후

참여자들이 지각하면서 회고가 계획보다 늦게 시작된다. 참여자들은 공유 문서에 접속하지 못하는 문제를 겪거나 카메라 화면을 공유하지 않거나(16장, '눈치 보기' 참조) 음소거를 한다. 어떤 사람은 말없이 참석한다. 무언가 공유할 수 있도록 하는 액티비티가 계획되지 않았기 때문이다. 회고는 어젠다를 다루지 못하고 갑자기 끝나 버린다.

리팩터된 해결책

다양한 방법으로 회고를 준비한다. 공유 문서를 만들고[1] 최소한 회고 하루 전에는 참여자들에게 공유 문서의 링크를 포함한 이메일을 보낸다. 그런 다음에는 참여자들이 문서에 접근할 수 있는지 확인한다. 지난 회고에서 공유 문서에 가상의 포스트잇 노트를 붙여 다음 회고를 준비하는 것을 결정했다면 해당 내용의 링크를 보내 상기하도록 할 수 있다. 회고 전에 문서에 필요한 내용을 미리 채우도록 요청할 수도 있다. 어떤 사람들은 조용한 곳에서 캘린더를 보며 긍정적이거나 부정적인 이벤트에 관한 내용으로 문서를 채우는 것을 쉽게 느낀다. 회고가 시작되면 여러분은 시간을 구분해 참여자들에게 이미 채워진 내용을 읽게 할 수 있다. 이런 방식을 사용하면 모든 사람이 회고를 할 수 있는 준비가 된다. 효과가 매우 높은 이 방법은 아마존Amazon과 같은 회사들이 사용한다. 아마존은 전체 회의 시간 중 10분을 따로 떼어 참여자들이 공유된 문서를 읽게 함으로써, 모든 사람이 회의를 준비하고 회의와 관련된 컨텍스트에 대해 올바른 마인드셋을 갖도록 한다.

회고 시작 15분 전에 참여자들에게 이메일을 다시 한번 보내서 커피를 준비하도록 할 수 있다. 그렇지 않으면 아마도 사람들은 회고 시작 직전까지 회고가 있다는 것을 까맣게 잊을 것이다. 참여자들은 커피를 준비하고, 자리에서 일어나 화장실에 다녀와야 한다고 깨달을 수도 있다. 실제 그런 일이 일어나면 여러분은 전체 회고 시간 중 처음 5~7분 정도를 낭비하게 된다.

---

1   개인적으로 구글 드로잉스를 선호한다. 무언가 빠르게 바꿔야 할 때 향상된 자유도를 제공하기 때문이다. 구글 드로잉스를 사용하면 포스트잇 노트를 보드에 붙이는 시뮬레이션을 쉽게 할 수 있다. 미로, 뮤랄, 트렐로 등으로도 보드를 만들 수 있다.

구체적인 회고 스케줄의 준비도 중요하다. 회고의 각 단계에서 얼마만큼 시간을 사용할지 정하고 지키도록 최선을 다해야 한다. 시간이 충분하지 않다고 판단되면 팀에 어떻게 하고 싶은지 물어보라. 온라인 회고 시간을 늘리는 것은 일반 선택지가 아니다. 보드에 붙은 주제 중 한 가지만 논의하거나 후속 회고 일정을 잡는 편이 실질적이다. 회고를 서둘러 마치고 적절한 마무리 없이 모든 참여자가 로그오프할 수 있게 하는 것보다는 두 선택지가 훨씬 낫다.

항상 회고 백업 계획을 세워 둬야 한다. 큰 노력을 기울이지 않고도 변경할 수 있는 다른 어젠다를 준비한다. 조셉 펠린 Joseph Pelrine(2011)이 설명했듯, 회고 퍼실리테이션도 보통의 소프트웨어 개발처럼 기민해야 한다. 그리고 계획은 액션과 피드백 루프를 가져야 한다. 이는 '커네빈 프레임워크 Cynefin framework'(Kurtz & Snowden, 2003)에 잘 설명돼 있다. 커네빈 프레임워크의 **복잡계** Complex Systems는 '자극-검지-반응 Probe-Sense-Respond' 방식으로 다뤄져야 한다. 무언가를 시도하고, 어떤 일이 일어나는지 확인하고, 난해한 계획을 따르는 것보다 현실에 반응해야 한다.

참여자들은 가급적 각자의 공간에서 카메라를 들고 있어야 한다. 장비를 충분히 갖추기는 어려울 수 있지만, 이를 통해 오프라인 회의 중 소규모 그룹에서 벌어지는 병렬적 논의를 막을 수 있다.

공유된 문서가 아니라 한 공간에서 물리적인 보드를 사용하기로 했다면 참여자들에게 각각 **아바타** Avatar나 **대변자** Proxy라고 불리는 누군가를 대신해 주는 사람들이 필요할 수도 있다. 참여자와 아바타 사이에 의사소통 채널을 만든 뒤 아바타가 포스트잇 노트를 대신 작성한다.

요약하자면 온라인 회고에서 모든 사람을 동등하게 대하려고 최선을 다해야 한다. 물론 초반에는 이상하게 느껴질 수 있다. 온라인 회고의 장점 중 하나는 모든 논의를 난상 토론이 아닌 **라운드 로빈** Round Robin 기법에 따라 자연스럽게 진행할 수 있다는 것이다.

라운드 로빈은 베르긴^{Bergin}과 엑스타인이 설명한(2012) 교육학 패턴의 하나이며, 나 또한 라운드 로빈을 강의에서 잘 사용한다.

라운드 로빈(Round Robin)

참여자 전원이 의견을 낼 수 있도록 순서대로 돌아가며 발언하는 방법이다. 모든 사람은 질문에 답하고 주제를 선택하고 무언가 코멘트를 남기기도 한다. 둥근 테이블에 둘러앉아 있다면 앉은 순서대로 진행할 수 있다. 온라인상이라면 참여자 명단 순으로 진행할 수 있다. 한 사람이 사용할 수 있는 시간을 제한해야(예를 들면 한 사람당 1분씩 사용하는 식) 할 때도 있다. 그러나 참여자는 대부분 시간제한이 있으며 모든 사람이 라운드 로빈 방식에 따라 무언가 말해야 함을 염두에 둔다. 참여자들이 앞사람의 말이 끝나길 기다리지 못하는 것은 자기 의견을 공유하지 못할까 봐 두려워해서다. 라운드 로빈을 사용하면 모두에게 말할 기회가 있다는 것을 참여자 스스로 알고 있기에 차례가 올 때까지 걱정 없이 다른 사람들의 말을 기다린다.

라운드 로빈 방식에는 숨겨진 위험이 있다. 누군가 말한 내용을 여러분이 정말 좋다고 생각했다면 그 사람에게 감사를 표하거나 의견에 동조하고 싶은 유혹을 느낄 수 있어 조심해야 한다. 모든 의견이 똑같이 중요하고 흥미롭게 공유되도록 함으로써 모든 참여자가 함께 기여하게 한다. 의견을 낸 모든 사람에게 감사를 표할 수도 있다. 하지만 모두에게 감사할 게 아니라면 누구에게도 감사하지 말라.

온라인 관점

이 안티패턴은 온라인 회고에 관한 것이므로 모든 내용이 온라인 회고에 적용된다. 오프라인 회고에서도 리팩터된 해결책에서 설명한 많은 내용이 유용하다. 회고 하루 전에 참여자들을 상기시키는 것은 온·오프라인 회고 모두에서 좋은 아이디어다. 특히 팀이 시도하고자 결정했던 실험이 있다면 더욱 그렇다. 실험 진행에 관한 피드백을 들을 책임이 있는 사람들은 시간을 내 준비한다. 오프라인 회고에서도 모든 사람에게 동등한 것은 중요하다. 이는 '거대한 입(18장)'과 '침묵하는 사람(19장)' 안티패턴에서도 설명하겠지만 모든 사람이 의견을 낼 수 있게 함으로써 실현할 수 있다.

개인적 일화

나는 한 온라인 회고 퍼실리테이션 초청을 받았다. 주어진 상황에서 최고의 회고를 하기 위해 초청자와 이야기를 나누고 이메일을 주고받았다. 온라인 회고 퍼실리테이션을 할 때는 주로 홈 오피스를 사용하지만, 초청자의 요청에 따라 해당 회사 사무실에서 퍼실리테이션을 진행하기로 했다.

분산된 회고를 하러 사무실에 도착했을 때 세 사람이 있었고, 두 사람은 다른 장소에 함께, 나머지 두 사람은 각각 다른 장소에 있었다. 8명의 참여자가 각기 다른 장소 4곳에 있던 것이다. 나중에 알게 된 사실이지만 전화기로 참여한 참여자 1명은 커피숍에 있었다. 이 회의가 누군가(나 혹은 그들의 스크럼 마스터나 관리자)의 일방적인 정보 전달을 목적으로 한 것이었다면 큰 문제가 되지 않는다. 그러나 회고에서는 모든 사람이 중요하므로 동등하게 말하고 들을 기회가 모두에게 있어야 했다.

내가 볼 수 없는, 즉 카메라를 켜지 않은 사람들은 우리를 보지 않기로 선택했고 목소리만 듣고 있었다. 온라인 회고에서는 이런 일이 다반사다. 커피숍에서 연결한 참여자는 커피콩 가는 소리를 막으려 음소거를 한 채 모습을 거의 비추지 않았고, 다른 참여자는 컴퓨터 앞에 있었다. 피드백이나 무언가의 뒤에 숨은 이야기를 물을 때마다 재차 질문해야 했고, "아, 다시 말씀해 주세요. 잘 듣지 못했어요" 혹은 "아, 제게 한 말이군요. 다시 한번 말씀해 주세요"와 같은 전형적인 반응이 돌아왔다.

이런 상황은 준비되지 않은 분산된 회고에서 흔히 벌어진다. 문서를 공유하고 온라인 회의를 준비했지만, 회고 참여자들이 회고에서 이익을 얻을 수 있게 준비하도록 하지는 못했다.

나 또한 지루한 온라인 회의에 일반적인 참여자로 참석할 때는 다른 사람이 이야기할 때 솔리테어^{Solitaire}를 하기도 한다. 이 방법이 지루함을 충분히 없애 주면서도 필요할 때 즉시 회의에 뛰어들 수 있는 상태를 유지하는 것임을 배웠다(내가 퍼실리테이터일 때는 절대 이렇게 행동하지 않는다. 당연하지 않은가). 내 남편은 지루한 회의에 참여할 때 유튜브^{YouTube}의 30분짜리 프랙탈 줌 비디오^{fractal zoom video}를 본다. 혹시 이런 것을 시도하려거든 음소거 하는 것을 잊지 말라!

팀원들은 피곤하고 허기진 나머지 회고에 집중하지 못한다.
퍼실리테이터는 충분한 간식과 환기를 제공해 집중력을 끌어 올린다.

컨텍스트

덴마크의 어느 겨울, 한시라도 빨리 안으로 들어가고 싶은 날이었다. 거센 눈보라가 그칠 줄 모르고 몰아친 탓에 출근도 간신히 했다.[1] 북극 탐험가 같은 옷을 입고 싶다면 오래된 덴마크 속담을 기억하라. "나쁜 날씨는 없다. 단지 옷을 잘못 입었을 뿐이다."[2]

회고 참여자들은 창밖의 눈을 보며 즐거워하면서도 창문을 활짝 열자는 의견은 없었다. 창문을 닫고 진행된 이 회고는 프로젝트 전체를 다루는 가장 긴 회고였다. 한 시간 삼십 분 정도 지난 후, 회의실 안의 사람들은 지치기 시작했다. 집중하지 못하는 듯 보였고 서로에게 짜증을 내기도 했다. 두 시간 후, 피터와 안드레아는 잠들었고 나머지 팀원들 또한 회고를 멈추고 싶어 했다. 사라는 팀원들과 다음날 회고를 계속하기로 합의하고 회고를 멈췄다. 점심시간이 끝날 때쯤 눈보라가 멈추고 해가 떠올랐다. 팀원들은 바깥으로 나가 눈사람과 천사(그림 14.1)를 만들며 한 시간 정도를 보냈다. 다음날 회고를 해야 한다는 것은 까맣게 잊었다.

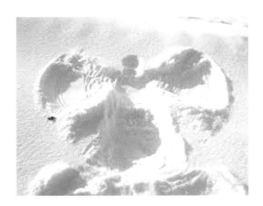

그림 14.1 눈 천사

---

1   이렇듯 열악한 상황에도 정말 완고한 사람들은 자전거로 출근을 한다. 내 말이 의심된다면 구글 이미지에서 자전거로 눈보라를 뚫고 출퇴근하는 사람을 검색해 보라.

2   덴마크어 라임도 있다. 'Der findes ikke dårligt vejr, det hedder kun forkerte klæ'r.'

일반 컨텍스트

가끔 우리도 동물이라는 사실을 잊는다. 머리를 쓰면서 종일 일하는 동안 신체에 필요한 것들을 무시한다. 산소와 음식, 화장실 갈 시간이 있어야 한다. 특히 여성은 일반적으로 남성에 비해 따뜻한 환경이 필요하다. 시시때때로 다른 것을 생각해 내기 위해 담배를 꺼내 물어야 하는 흡연자도 잊지 말라. 우린 이런 것들을 놓친 채 창의적인 아이디어를 내거나 고통스러운 이벤트에 대해 논의하면서 스스로를 밀어붙인다. 그런 일들을 최적화된 상태로 만들지 못하는 몸 상태를 무시하면서 말이다.

안티패턴 해결책

안티패턴 해결책은 휴식 대신 회고를 마무리하는 것이다. 창문을 열어 환기하고 간식을 가져오거나 잠시 쉬어야 하는 상황이 오더라도 그렇게 하지 않는다. 문제는 허기지거나 탈수 상태가 되거나 산소가 부족하거나 화장실에 뛰어가고 싶어지기 전에 계획해야 한다는 점이다. 여러분이 영향을 받게 되면 다른 사람을 돕기 힘들기 때문이다.

결과

회의실에 산소 공급이 원활하지 않으면 졸음이 오거나 두통을 겪게 된다. 또한 점심 또는 간식을 먹는 시간에 회고를 진행하면 참여자들은 배고픔으로 인해 분노에 사로잡히거나 영감을 발휘하지 못하거나 집중하지 못하게 된다. 결국 팀원들은 서로의 의견을 듣지 않고 대화할 때 제1원칙을 무시하게 돼 회고는 시간 낭비가 된다.

징후

참여자 중 졸음에 빠지는 사람 혹은 사소하게 보이는 이슈에도 굉장히 짜증이 난 듯 반응하는 사람을 보게 된다면 인간적인 필요가 채워지지 않은 상태의 징후일 수 있다.

리팩터된 해결책

리팩터된 해결책은 매우 단순하며 일회적이다. 날씨가 허락하고 규정에 어긋나지 않는다면(미국의 공공기관 건물에서는 창문을 열 수 없다) 창문을 연다. 창문을 열 수 없다면 회고 시작 전 회의실 환기가 잘 되는지 확인하거나, 회고 시작 후 45분이 지났을 때 참여자들을 회의실 바깥으로 잠시 내보낸다. 점심시간은 피하는 것이 좋다. 회의를 부득이하게 해야 한다면 간식거리를 몇 가지 제공한다. 특히 오후에 잡힌 회고나 고통스러운[3] 논의가 예상되는 회고에서는 간식거리가 필요하다. 일부 조직이나 팀에서는 45분을 초과하는 모든 회의에 휴식 시간을 반드시 포함하도록 규정하기도 한다.

확실한 휴식을 제공하는 한 가지 방법은 모든 사람을 일으켜 세웠다가 앉히는 것이다. 여러분이 유일하게 서 있고 다른 참여자들은 앉아 있다면, 여러분은 팀의 에너지 수준이 낮아진 것을 빠르게 눈치채지 못할 수도 있다.

퍼실리테이터로서 사전에 휴식을 계획하는 것은 중요하다. 휴식에 대해 생각할 수 없는 상황이 될 수도 있어서다. 모든 회고에서 산소, 허기, 고통, 휴식을 고려하라. 린다 라이징과 메리 린 만스Mary Lynn Manns의 책 『Fearless Change거침없는 변화』 (Addison−Wesley, 2015)에서 소개한 더 두 푸드The Do Food 패턴은 이런 사항을 고려

---

3   설탕은 천연 진통제다.

할 때 도움이 된다.

온라인 관점

온라인 회고에서는 참여자에게 음식을 제공하거나 창문을 열 수 없으므로 제약을 피할 수 있는 계획을 세워야 한다. 온라인 회의에서 사람들이 얼마나 집중할 수 있는지 항상 생각한다. 휴식이 없는 상태에서는 45분 정도가 한계일 것이다. 그러나 휴식은 다양한 형태로 가질 수 있다. 함께 웃거나 잠시 자리에서 일어나 몸을 움직이는 것도 도움이 된다. 모든 사람이 회의 장소에서 벗어났다가 돌아올 필요는 없다. 일과 중 늦은 시간의 회고에 팀이 참석하길 원한다면 간단한 간식을 준비해 오라고 해도 좋다. 준비한 간식에 관한 공유도 회고 시작 시 훌륭한 아이스브레이커^{Ice Breaker}로 사용할 수 있다. 한두 번 정도 이 이벤트를 하다 보면 참여자들은 창의적인 간식을 준비해 웃음을 주거나 부러워하는 시선을 즐기기도 할 것이다.

개인적 일화

나 역시 이 안티패턴을 가끔 찾는다는 점을 인정할 수밖에 없다. 나는 계획한 액티비티, 회의실의 에너지, 팀원 간 의사소통(언어적이든 비언어적이든)에 집중한 나머지 우리에게 원초적인 인간의 욕구가 있음을 잊어버리곤 한다.

혈당 수치에도 민감한 편이다. 혈당이 떨어지면 생각이 멈추고 배고픔에 화를 이기지 못한다. 다른 참여자의 행동 변화를 알아채기 전에 스스로의 행동 변화를 알아챈다. 사람들이 하는 말이 어리석게 여겨지고 짜증이 나서 조용히 이야기를 멈추길 바라기 시작한다. 모든 말에 역설적이고 비아냥대는 코멘트를 하고 싶어 하는 것을 알아채기도 한다. 역설과 비아냥거림을 나쁘다고만은 할 수 없지만 자주 사용하면 비판처럼 들리기 시작한다.

꿈꾸는 시나리오는 회고 시작 15분 전부터 회의실을 예약해서 창문을 열어 환기하고 필요하다고 생각한 모든 것을 준비할 시간을 갖는 것이다. 의자를 원형으로 배치하거나 테이블에 펜과 포스트잇 노트를 두고 포스터에 제1원칙을 적어 두는 등의 준비를 할 수 있다.

나는 스폰서(회고 퍼실리테이션을 위해 날 초대한 사람)에게 늦은 오후 회고에는 간식거리를 제공해 달라고 요청할 것을 기억하려고 노력할 것이다. 스폰서가 테이블에 간식을 준비해 준다면 사려 깊은 행동으로 신뢰를 얻는다. 몇몇 경우에는 여러분이 신용을 얻는다 생각하더라도 그 신용이 스폰서한테 더 필요하다는 것을 안다면 스폰서에 대한 신용을 유지하도록 하는 편이 중요할 수 있다. 팀원들이 행복을 느끼고 더욱 즐겁게 집중하고 학습하며 대화하는 것이 중요하다.

15장
호기심 가득한 관리자

관리자는 회고에서 일어나는 일이 궁금한 나머지 현장에 참여해 내용을
듣고 싶어 한다. 퍼실리테이터는 부드럽지만 확고하게 관리자의
참여를 막는다.

컨텍스트

팀의 새로운 상사인 야니 ^Janni 는 회고에서 어떤 일이 일어나는지 궁금해한다. 야니는 회고 이후에는 항상 무언가 변화가 있다는 것을 알아챘고, 팀을 위해 무언가 해달라는 요청을 받는다. 자신이 직접 회고에 참석하면 더욱 신속하고 효율적으로 팀을 도울 수 있을 것으로 생각했다. 야니의 생각을 이해한 사라는 다음 회고에 그녀를 초대했다.

하지만 이상한 일이 벌어졌다. 안드레아와 피터가 여느 회고 때보다 훨씬 조용했다. 사라가 이유를 물었지만 모호한 대답이 돌아왔다. 회고는 계획대로 단계를 밟아 진행됐고 모든 것이 괜찮아 보였다. 불필요한 문제들만 논의된다는 점과 방 전체에 긴장이 가득하다는 점을 제외하면 말이다.

이 안티패턴은 루이스 곤사부에스 ^Luís Gonçalves 가 2019년 회고의 안티패턴에 관해 블로그에 쓴 '라인 관리자는 참석을 원한다 ^Line Managers Want to Attend'[1]에 설명돼 있다.

일반 컨텍스트

회의실에서 무슨 일이 일어나는지 상사나 관리자가 궁금해하는 때가 많다. 관리자들은 "무슨 일이 일어나는지, 내가 가서 들어 봐야겠어요" 혹은 "제가 가서 바로 잡는 게 좋겠어요. 실수를 멈추고 더 빨리 일해야 해요"라고 말한다. 상사와 팀원들 사이에 신뢰가 쌓여 있다면 완벽하게 좋을 때도 있지만, 경험상 팀원들은 상사와 다른 공간에 있을 때 더 편안함을 느낀다.

회고 설계에서 신뢰를 구축하기는 어렵지만 깨뜨리기는 쉽다. 상사나 관리자를 회고에 초대하는 것은 '인 더 수프(3장)' 상황에서의 리팩터된 해결책의 하나여야

---

1   https://luis-goncalves.com/agile-retrospectives-antipatterns/ —옮긴이

한다. 팀이 그들을 초대하고 싶어 할 때여야만 한다. 상사가 회고에 참여하길 원하고, 팀에 허락을 구하지 않은 것은 완전히 다른 문제다.

안티패턴 해결책

관리자는 회고에서 참관만 하게 된다. 입을 꾹 다물고 회고를 방해하지 않겠다는 약속을 할 수도 있다. 그저 '마법을 직접 보고 싶을 뿐'이다. 퍼실리테이터는 상사의 관점을 이해하면서 두려워하기 때문에 요청을 받아들이고, 다음 회고에 상사가 참석한다고 팀에 알린다.

결과

이 안티패턴에서는 다양한 결과가 나타날 수 있다. 팀원들이 상사와 함께 있는 게 안전하다고 느끼면 평소와 똑같이 행동할 것이고, 상사는 팀의 역동, 두려움, 그리고 희망에 관해 걸러지지 않은 관점을 가질 수 있다. 하지만 많은 경우 팀원들은 상사가 회고에 참여하는 것에 분노한다. 상사가 채용과 해고, 승진, 급여 인상을 좌우하기 때문이다. 팀원들은 자신들의 걱정과 문제들을 드러냈을 때 해고되지 않을까 두려워한다. 또한 상사는 자신이 약속했던 것처럼 드러나지 않는 상태를 유지할 수 없을 수도 있다. 그녀가 입을 열기 시작하면 누구도 막을 수 없을 것이다!

징후

팀 외부에 있는 사람이 팀의 감정과 관계없이 회고에 초대된다. 참여자 일부의 말수가 평소보다 적어진다. 팀은 긍정적인 것에 관해서만 이야기한다.

리팩터된 해결책

단순한 해결책 중 하나는 회고에 상사를 참석시키지 않는 것이다. 실제로 회고에는 팀만 참석한다. 상사나 관리자들이 회고에 호기심을 갖는다면 관리자 레벨에서 별도로 회고를 연다. 내 첫 번째 회고 규칙은 '채용이나 해고를 할 수 있는 직위에 있는 사람은 팀 회고에 들어올 수 없다'이다. 물론 여러분은 상사나 관리자들에게 회고에 참석할 수 없는 이유를 설명해야 한다. 어떤 상사는 팀이 자신에 관한 뒷담화를 할까 봐 걱정할 수도 있다. 좋은 퍼실리테이터는 특정인에 대한 비난을 억제하고, 의사소통이나 협업에 관해 직접적으로 초점을 맞추는 논의를 하도록 유도할 것이라고 그들을 안심시켜야 한다. 그래도 관리자들이 꺼림칙하게 여긴다면 그건 다른 문제의 징후일 수도 있다. 이런 조직은 신뢰의 문제를 다루거나 관리자 코칭이 필요할 수도 있다.

회고가 진행되는 동안 여러분은 포스트잇 노트와 같이 회고에서 시각화된 일부 정보들을 관리자와 공유해도 괜찮을지 팀에 물어볼 수 있다. 팀원들은 관리자에게 직접 전달하기는 불편하지만, 관리자가 알아주길 바라는 것을 전달할 수 있다.

또한 상사를 초대해도 괜찮은지 팀원들에게 물어볼 수 있다. 그러나 사람들이 회고에 상사가 참석하지 않길 바란다고 말하기 어려워한다면 질문하기가 까다롭다. 이럴 때는 익명 투표를 사용하는 것도 하나의 대안이 된다. 다만 익명 투표 자체가 팀원들 사이에 충분한 신뢰가 없다는 것을 의미함을 알아야 한다.

온라인 관점

온라인 회고에서도 어려움과 해결책이 같다. 차이점이 있다면 온라인 회고는 녹화를 할 수 있고 온라인 문서를 쉽게 공유할 수 있다는 점이다. 회고에서 일어난 일은 회고에만 머물러야 한다는 점, 공유된 모든 것은 참여자가 동의할 때만 공유된다는 점은 몇 번을 강조해도 부족하다.

개인적 일화

한 대기업에서 애자일 코치로 일하면서 여러 팀과 회고를 진행했다. 관리자들이 회고에 참석하지 못하도록 관리했으나 이해를 얻기까지는 시간이 걸렸다. 어떤 팀은 관리자에게 직접 '아니오'라고 말하는 것이 힘들어서 내 원칙에 어긋난다고 말했다. 그 팀은 내게는 무슨 일이 있어도 상사의 참석을 원치 않는다고 말하면서, 상사가 물어보면 미소를 지으며 "물론이죠"라고 답했다. 그래서 '어리석은' 내 원칙을 붙잡고 악역을 맡아야 했다. 퍼실리테이터는 때때로 이런 일을 해야만 한다.

한동안은 상황이 잘 진행됐지만 팀에 커다란 문제가 있었고 그중 하나가 관리자였다! 관리자는 팀원들을 겁에 질리게 했으며, 나는 (라스베이거스에서 그랬던 것처럼) 회고에서 나눈 모든 이야기는 회고에만 남을 것이라는 팀과의 약속을 지켜야 했다. 결과적으로 난 그 관리자의 상급자에게도 문제를 알리지 못했다. 어느 날 그 관리자는 나를 방으로 불러 회고에서 자신에 관해 어떤 이야기가 나오는지 듣고 전달해 달라고 요청했다. 관리자는 "당신은 사람들이 이야기하게 만드는 데 능숙하잖아요. 이 문제를 이야기하게 하고 무슨 말을 하는지 알려주세요"라고 말했다. 나 역시 관리자가 두려웠으나 그 일은 불가능하며 사람들이 말한 것을 전달하는 순간 '사람들이 이야기하게 만드는' 내 능력이 순식간에 사라질 것이라고 했다. 관리자는 내 입장을 이해했지만 회고가 끝날 때마다 나를 포함해 다른 팀원들에게까지 같은 질문을 계속했다. 나중에 그 관리자는 회사를 그만뒀다고 한다.

온라인 회고에서 팀원들은 얼굴을 드러내지 않으려 한다.
퍼실리테이터는 이유를 이해하고 팀원들이 얼굴을 보일 만큼 안전한
환경을 조성할 방법을 찾는다.

컨텍스트

사라는 다음 회고를 준비했다. 공유 문서를 준비하고 참여자들에게 회고 일정과 회고에서 사용할 문서를 안내했다. 보를 제외한 모든 사람이 온라인으로 정시에 참석했다. 알고 보니 보는 새 회고 링크가 아닌 지난 회고의 링크를 사용해 접속했다. 채팅으로 링크를 다시 안내하고 예정보다 3분가량 지난 시각에 모든 참여자가 모였다. 사라는 모든 참여자에게 비디오를 켜 달라고 요청했다. 그녀는 절반의 참여자만 비디오를 켰다는 것을 알았다. 르네, 안드레아, 킴이 이야기할 때 참여자들은 검은 화면만 봤다.

사라는 여느 때처럼 순서대로 돌아가며 질문하는 것으로 회고를 열었다. 그리고 가상 포스트잇 노트를 사용해 공유 문서에서 데이터 수집하기를 시작했다. 사라는 비디오로 팀원들을 볼 수 있었기에 그들이 집중하고 있는지 판단할 수 있었다. 하지만 르네, 안드레아, 킴이 포스트잇 노트에 뭔가를 쓰고 있는지 아니면 다른 일을 하고 있는지는 판단할 수 없었다. 10분 후, 팀은 문서에 추가한 내용을 살펴보며 그들의 생각을 크게 말해달라고 요청했다. 처음엔 모두가 누군가 다른 사람이 말하길 기다리며 침묵을 지켰다. 마침내 안드레아가 입을 열자 여기저기에서 말하기 시작했다.

몇 가지 어려움이 있었지만 사라는 나머지 회고를 진행했고, 다음 회고 때까지 팀이 시도해 볼 새로운 실험에 관한 합의를 이끌었다. 하지만 킴이 회고에 전혀 참여하지 않았고 회고와는 무관한 태스크에 몰두하고 있었다는 느낌을 받았다.

일반 컨텍스트

온라인 회고에서는 많은 사람이 비디오를 켜지 않는다. 여기에는 다양한 이유가 있는데, 이에 관해서는 뒤에서 구분해 본다. 만일 여러분이 나와 비슷하다면 회고 참여자들의 얼굴을 보는 편이 회고 퍼실리테이션에 훨씬 쉬움을 알고 있을 것이다. 참여자들의 표정은 액티비티를 바꿔야 하거나 속도를 늦추거나 논의의 속도를 조절하기 위한 힌트가 된다. 또한 화가 나거나 회고에서 떠나기 전 힌트가 될 표현을 하기도 한다. 하지만 자주 음소거 되는 마이크 아이콘만이 여러분에게 주어지는 유일한 입력이라면 제대로 된 퍼실리테이션을 하기는 어렵다.

안티패턴 해결책

퍼실리테이터는 종종 참여자들이 비디오를 끄는 것을 허용한다. 이는 퍼실리테이터가 스스로 좋은 사람이길 바라고, 팀원들이 불편하게 느끼는 무언가를 강요하지 않기 위해서다. 또는 자신의 요구로 인해 회고 퍼실리테이션이 잘 풀리지 않을까 봐 두려워해서일 수도 있다. 아니면 퍼실리테이터가 비디오를 켜도록 할 필요를 느끼지 않았기 때문일 수도 있다.

결과

표정을 보지 못하면 퍼실리테이터는 물론 회고 참여자들은 누가 지루해하는지 화가 났는지 슬퍼하는지 혹은 무언가 말하고 싶어 하는지 알 수 없다. 심지어 오프라인 회고에서도 침묵은 해석하기 어렵다. 음소거를 한 상태에서 모습까지 보이지 않으면 상황은 더욱 심각해진다. 안티패턴 해결책의 결과 중 하나는 참여자들이 회고에 참여하는 대신 자신의 모습을 숨기고 다른 태스크로 주의를 돌리기 쉽다는 것이다. 결과적으로 그들은 결정에 참여하지 않은 상태에서 팀이 행동을 위한 결론을 내리고 나면, 결정에 참여하지 않은 참여자는 그 결정을 나쁜 해결책이라고 생각한다. 또한 동료들은 참여하지 않은 사람의 의견에서 얻을 수 있는 이익을 얻을 수 없고, 그들의 경험을 공유함으로써 그릴 수 있는 전체 그림이 사라진다.

퍼실리테이터에게 가장 나쁜 결과는 참여하지 않은 사람은 진행 내용을 듣지 않기 때문에 그들에게 질문이나 논의 전체를 반복 설명해야 한다는 점이다. 불필요한 반복은 계획한 어젠다를 깨뜨릴 수 있다. 이는 회고, 그중에서도 특히 온라인 회고에서 매우 중요한 부분이다. 무엇보다 회고에 제대로 참석하지 않는 팀원들은 동료들이 공유하는 생각이나 경험에 귀 기울이지 않는 무례함을 보인 것이다.

징후

가장 분명한 징후는 참여자들이 비디오를 켜지 않고 검은 스크린(이름이나 이니셜이 표시된) 상태로 회고에 참석하는 것이다. 사람들은 회의에 정식적으로 참여하지 않는 편이 더 쉽다고 생각하기 때문이다. 여러분은 "다시 말해 주세요"나 "아, 저에게 질문한 건가요?"라는 말을 듣게 될 것이다.

리팩터된 해결책

다른 안티패턴들과 마찬가지로 올바른 해결책은 컨텍스트에 따라 다르다. 여기에선 참여자들이 비디오에 모습을 드러내지 않기로 선택한 이유가 컨텍스트다. 여러분은 회고 중에 그들에게 이유를 물을 수도 있겠지만 다른 사람들 앞에서는 진짜 이유를 말하지 않을 것이다. 성격과 관련된 안티패턴과 마찬가지로, 여러분은 섬세하게 발을 디뎌야 하며 회고에서 벗어나 그들에게 직접 이유를 물어보거나 익명으로 대답할 수 있게 해야 한다. 그들 스스로도 이유를 모르고 있을 가능성도 있다. 단순히 모습을 보이고 싶지 않았을 뿐일 수도 있다.

가장 먼저 회고 참여자들에게 그들의 모습을 비디오로 여러분과 다른 참여자에게 공유하는 것이 중요한 이유를 설명해야 한다. 다른 참여자들이 자신을 보고 싶어 한다고 생각하지 않았을 수도 있기에 이유가 합당하면 몇몇 사람은 비디오를 공유하기 시작할 것이다. 나는 여러분 모두 아름다운 사람이며 비디오에서 자신이 보이길 원한다고 생각하지만, 모든 사람이 자신을 긍정적으로 바라보는 것은 아니다.

커피숍이나 차 안에 있을 때 비디오를 켜기가 쉽지 않다고 말하는 사람이 많지만 인정할 수 없는 부분이다. 비디오를 켜는 문제와 함께 이것은 용납하지 않는 핑계 중 하나다. 사실 더 큰 문제다. 회고는 심각하게 받아들여져야 하며 회고에서 가치를 얻으려면 회고에 온전히 집중해야 한다. 이런 이유로 참여자들에게 오프라인 회고를 하는 동안 전화기나 컴퓨터를 사용을 금지한다.

자신의 주변 상황을 동료에게 알리고 싶지 않다고 말하는 사람도 있다. 이런 경우에는 참여자들에게 배경을 흐릿하게 만드는 기능을 제공하는 협업 도구를 사용해 그들의 모습만 보이게 하도록 요청한다. 홈 오피스를 동료에게 보이기 싫은 이유는 많다. 지저분하거나 너무 소박하거나 과도하게 화려할 수 있다. 정치적 문구나 선정적인 예술 작품이 벽을 장식하고 있을 수도 있다. 이상한 책들이 책장을 채우고 있을 수도 있으며, 아내나 남편이 옷을 벗은 채 돌아다니고 있을 수도 있다.

집에서 일할 때는 화장을 하지 않거나 면도를 하지 않거나 옷을 입지 않는 사람들도 있다. 이건 좀 다른 문제다. 집에서 일하는 경우 스스로 동기 부여를 하지 못하는 사람도 있는데, 출근할 때와 같은 옷을 입음으로써 업무 모드로 바꾸는 데 도움을 얻을 수 있다. 어떤 사람에겐 옷을 챙겨 입는 것만으로도 충분하다.

자신의 모습을 비디오로 보고 싶어 하지 않는 사람도 있다. 대부분의 협업 도구는 여러분과 다른 사람의 모습을 동시에 보여주기 때문에, 그런 사람들에게는 이런 점이 불편하게 느껴질 수 있다. 이런 도구에서 스스로의 모습을 보여주는 이유는 우리가 혼자 있을 때 할 수도 있는 다소 어색한 일들을 하고 있지 않다는 것을 확실히 알려주기 위해서다. 회고를 하는 동안 자신의 모습을 보는 것을 선호하지 않는 사람들은 자신의 모습만 제거할 수 있다. 사용하는 도구를 변경하거나 포스트잇 노트 등을 사용해 화면 일부를 가릴 수도 있다.

매일 6시간의 비디오 회의를 진행하는 것은 지치는 일이며 나 역시 경험했다. 나는 때때로 비디오 회의를 전화 회의로 바꾸기도 했다. 특히 1:1로 회의를 하는 경우다. 그리고 가능하다면 산책을 하며 통화를 했다. 하지만 회고에서는 보디랭귀지가 매우 중요하기 때문에 항상 비디오를 사용한다.

최근 장시간의 비디오 회의가 사람을 지치게 만드는 이론에 관해 학습했다. **인지 부조화**가 우리를 불편하게 만든다는 사실에 기반한 이론이다. 실제로 함께 있지 않은 사람이 우리에게 말하고 있는 것을 보면 뇌는 모순된 신호를 보내며, 상황을 이해하려고 노력하는 과정에서 불편함을 느낀다. 두 가지 세계관, 즉 우리가 함께 있으면서 함께 있지 않다는 것은 마음속에 모순을 만들어 낸다.

인지 부조화(Cognitive Dissonance)

한 사람이 두 가지 이상의 모순된 신념, 아이디어 또는 가치를 갖고 있거나, 이에 반하는 행동에 참여하거나, 모순으로 인한 정신적 스트레스를 경험할 때 발생한다. 인지 부조화 이론에 따르면 두 가지 행동이나 아이디어가 서로 심리적으로 일관되지 않을 때 사람들은 둘 중 하나를 바꿔서 두 가지를 일관적으로 만들기 위해 모든 에너지를 사용한다. 불편함은 기존에 있던 신념과 새롭게 인식한 정보와의 충돌에서 촉발되는데, 사람들은 그 안에서 자신의 불편함을 줄이기 위해 모순을 해결할 방법을 찾으려고 한다.

인지 부조화와 관련된 또 다른 흥미로운 사례로는 여러분이 싫어하는 사람에게 부탁을 받는 경우, 그 사람을 좋아하게 되기 전까지 불편한 부조화를 경험한다는 것이 있다. 여러분의 뇌는 '만약 그 사람의 부탁을 들어준다면 그 사람을 좋아하거나 미쳤거나 둘 중 하나다'와 같은 논리를 펼친다. 뇌는 대부분 전자를 선택한다. 이런 현상을 **벤 프랭클린 효과**라고 한다.

벤 프랭클린 효과(Ben Franklin Effect)

"그의 서재에 대단히 무섭고 흥미로운 책이 있다는 이야기를 듣고 편지를 썼다. 책을 너무나도 보고 싶다는 소망을 표현하고, 며칠 동안 책을 빌릴 수 있는지 물었다. 그는 책을 즉시 보내줬고, 난 일주일 후 편지에 깊은 감사를 적어 책과 함께 돌려줬다. 나중에 우리가 하우스(House)에서 만났을 때 그는 매우 정중하게 말했다(그는 이런 적이 단 한 번도 없다). 그 후 그는 어떤 상황에서든 나를 섬길 준비를 했고, 우리는 좋은 친구가 됐으며 그가 눈을 감은 날까지 우정은 이어졌다."

–벤저민 프랭클린(Benjamin Franklin)

비디오 켜기를 꺼리는 개인의 문제가 무엇인지 알아내고 문제를 해결하려 노력해야 한다. 여러분이 비디오를 켜도록 참여자를 설득하지 못했거나, 그들이 비디오를 켜지 않아도 될 만한 이유를 알게 됐다면 적어도 도구에 이름이 아닌 얼굴 사진을 업로드하도록 요청해야 한다.

물론 예외는 있다. 사람들이 회의에 몰려가 버렸고 비디오도 참석자도 없다면 비디오 없이 참석해도 좋다.

온라인 관점

이 안티패턴은 온라인 회고 컨텍스트에서만 찾을 수 있으므로 16장에서 설명한 내용은 온라인 회고에만 적용된다.

개인적 일화

한 팀의 회고를 1년 넘게 퍼실리테이션하고 있다. 팀은 언제나 같은 위치에서 일했고 회고 또한 같은 회의실에 모여 진행했다. 하지만 시대가 바뀌어 모든 구성원이 재택근무를 하게 됐다.

우리는 온라인 스탠드업 회의를 시작했고 나는 팀원 중 몇몇 사람이 비디오를 켜지 않기로 선택한 것을 알아챘다. 회고에서 나는 참여자들에게 비디오를 켜도록 요청했다. 처음엔 참여자 대부분 비디오에 얼굴을 보였지만 한 사람씩 비디오에서 사라져 갔다.

나는 비디오를 켜지 않는 이유를 물었고 여러 대답을 들었다. 한 구성원은 집의 네트워크 성능이 좋지 않다고 했다. 이미 다른 회의를 몇 차례 진행한 적이 있기에 다소 의아했지만 캐묻지는 않았다. 동료들에게 사생활을 알리고 싶어 하지 않는 구성원도 있었다. 그에게 회사 생활과 개인 생활은 절대로 만나서는 안 될 다른 세계였기 때문이다. 그는 다른 팀원들보다 자신에 관해 공유하지 않았는데 난 그제야 이유를 알았다. 나는 우리가 온전한 하나의 인간으로서 일을 하고, 일터에서의 우리와 일터 밖에서의 우리가 서로 큰 영향을 주고받는다고 믿는다. 그런 영향이 존재하지 않는다고 믿는 사람들이 있음을 아는 것 또한 흥미롭다. 또 다른 구성원은 사람들의 얼굴을 가까이에서 크게 보는 것을 좋아하지 않는다고 답했다. 그 모습에 불편함을 느꼈기 때문이다. 나는 그에게 화면을 최소화하거나 다른 화면 뒤에 놓는 방법도 있다는 팁을 줄까 생각했지만 적절한 시점이 아니라고 느꼈다.

이런 상황이 언젠가는 해결될 것이라 여기며 자연히 흘러가는 대로 두고 최소한 프로필 사진을 업로드해서 내가 그들에게 말하거나, 그들이 내게 말할 때 얼굴을 볼 수 있게 해달라고 요청했다. 이 팀과 계속해서 온라인으로 협업해야 하는 것을 알았다면 그들을 더 설득했을 것이다. 이런 형태로 세 차례의 회고를 더 진행했고 그들 대부분 회고에서 비디오를 켰다. 때로 여러분은 팀과의 전투도 선택해야 한다. 나도 이곳에서 충분히 겪었다.

모든 참여자가 비디오를 켜고 진행한 수많은 회고를 통해서 흥미로운 논의와 재미를 다양하게 경험했다. 함께 일했던 팀들은 모든 사람이 화면에 보이는 것이 팀에 더 도움이 된다는 것을 이해하게 됐다.

비디오 회의는 오프라인 회의에서 얻을 수 없는 이점을 제공하기도 한다. 그림 16.1은 '여섯 개의 생각하는 모자' 회고를 퍼실리테이션하는 모습이다. 구글 행아웃^{Google Hangout}에서 제공하는 다양한 가상의 모자를 쓰고 찍은 스크린샷이다. 이중 턱을 가리려고 턱수염을 사용하기도 했는데 가끔 그 기능이 그립다.

그림 16.1 서로 다른 모자를 쓰고 '여섯 개의 생각하는 모자' 회고를 진행하는 모습

3부 : 인적 안티패턴

조롱당한 퍼실리테이터^{Disillusioned Facilitator}...팀은 퍼실리테이터가 우스꽝스러운 액티비티를 이용한다며 조롱한다. 퍼실리테이터는 해당 액티비티가 유용한 이유를 설명한다.

거대한 입^{Loudmouth}...팀원 중 누군가가 자신의 의견을 쉴 새 없이 늘어놓는다. 퍼실리테이터는 다양한 기법을 사용해 다른 팀원들이 의견을 낼 수 있도록 한다.

침묵하는 사람^{Silent One}...말을 거의 하지 않는 팀원이 있다. 퍼실리테이터는 다양한 기법을 사용해 침묵하는 사람이 의견을 제시할 수 있도록 해야 한다.

부정적인 사람^{Negative One}...팀원 중 누군가의 태도가 회고 전체에 부정적인 영향을 크게 미친다. 퍼실리테이터는 부정적인 영향이 확산되지 않도록 다른 팀원들을 보호한다.

부정적인 팀^{Negative Team}...팀은 부정적인 것들만 이야기하고 싶어 한다. 부정적인 것들을 통해서만 학습할 수 있다고 생각하기 때문이다. 퍼실리테이터는 긍정적인 측면에 집중하는 것 역시 동등한 가치가 있음을 보여준다.

신뢰 결여^{Lack of Trust}...팀원들은 서로를 충분히 신뢰하지 못하기 때문에 회고에서 중요한 것을 공유하지 못한다. 퍼실리테이터는 팀원들이 신뢰를 구축하도록 돕는다.

다른 문화Different Cultures ...퍼실리테이터 또는 팀원들은 각자 속한 문화의 선입관으로 다른 사람들이 회고를 경험하는 방식을 보지 못한다. 퍼실리테이터는 회고 참여자들이 정렬될 수 있도록 방법을 찾는다.

죽음의 침묵Dead Silence ...온라인 회고에서는 팀 전체가 침묵하는 일이 자주 일어난다. 퍼실리테이터는 다양한 기법을 활용해 팀원들이 의견을 내도록 돕는다.

팀은 퍼실리테이터가 우스꽝스러운 액티비티를 이용한다며 조롱한다.
퍼실리테이터는 해당 액티비티가 유용한 이유를 설명한다.

컨텍스트

퍼실리테이터로서의 경험이 부족한 사라는 다음 회고에서 새로운 액티비티를 소개하기로 했다. 모든 회고는 참여자들 모두가 순서대로 사생활 일부를 공유하는 질문에서 시작해야 했다. 어떤 질문이든 상관없었지만 "어제 저녁 식사 메뉴는 무엇이었습니까?"[1] 같은 간단한 질문으로 시작하고 싶었다. 사라는 이 질문이 안전한 질문이며 참여자들이 큰 고민 없이 편안하게 대답할 수 있을 것이라 믿었다.

이 액티비티가 유용할 것으로 생각하면서도 사람들에게 사생활을 묻는 것은 걱정이 됐다. 몇몇 팀 구성원이 동료로서만 관심이 있을 뿐 사적으로는 그다지 관심이 없다고 이야기하는 것을 들었기 때문이다. 회고가 시작되고 사라는 참여자들에게 자리에서 일어나 원을 그리도록 하고 전날 저녁 식사를 설명해달라고 요청했다. 사람들은 어리둥절해 주위를 두리번거리기 시작했고 몇몇 사람들은 킥킥거리며 르네를 바라봤다.

르네는 실제 리더나 관리자는 아니었지만 팀에서 '타고난 리더'로 인정받고 있었다. 팀 구성원들은 르네를 따르고 싶어 했다. 르네는 액티비티를 좋아하지 않았다. 이전 회고에서 액티비티를 '게임'이라 칭하며 얼마나 유치하고 쓸데없는지를 강조했다(나는 사실 게임을 즐기거나 유치해지는 것이 중요하다고 생각한다. 이와 관련한 더 좋은 이유[2]가 있다). 르네는 새로운 API를 구현하기 바쁜 시기에 이런 어리석은 일을 하는 것은 시간 낭비라고 여기며 "이건 회의죠. 우린 진짜 업무를 하러 가야 해요"라고 말했다. 모두가 자리에서 일어섰다. 모멸감을 느낀 사라 혼자만 덩그러니 남아 있었다.

---

1   덴마크에서 이 질문은 하지 말라. 모든 사람이 아침에 샌드위치와 오트밀을 먹기 때문이다. 다양한 국적의 참석자들이 모인 회고에서 이 질문을 하면 훨씬 재밌을 것이다.

2   포르티아 텅(Portia Tung)의 『The School of Play(놀이 학교)』(2019)에서 더 많은 이유를 찾을 수 있다.

일반 컨텍스트

많은 퍼실리테이터, 특히 퍼실리테이터의 여정에 들어선 지 얼마 안 된 이들은 액티비티에 대해 걱정이 있거나 믿지 못하거나, 액티비티가 잘 동작할지 확신하지 못하면서도 액티비티를 진행하곤 한다. 누군가가 액티비티를 추천했거나 효과적인 회고에 관한 책 혹은 블로그에 설명돼 있으므로 각자의 걱정을 무시한다. 심지어 어떤 액티비티가 큰 효과가 있는지는 이 책에도 쓰여 있을지 모른다.

안티패턴 해결책

안티패턴 해결책은 "이 액티비티가 우스꽝스럽게 들린다는 거 알아요. 하지만 사람들이 좋다고 말했어요" 혹은 "확신은 없지만 이렇게 하라고 책에 나왔어요"라며 사과하듯이 말하고는 액티비티를 계속 진행하는 것이다.

결과

누구도 액티비티를 심각하게 받아들이지 않을 수 있다. 퍼실리테이터가 액티비티를 좋은 아이디어라 생각하지 않는다면 시간 낭비에 지나지 않기 때문이다. 팀은 반신반의하면서 액티비티를 해볼지도 모른다. 하지만 실패는 불 보듯 뻔하다. 이들은 아이디어와 퍼실리테이터를 조롱할 수도 있다. 장기적으로 퍼실리테이터와 회고에 대한 존중이 사라질 것이고, 여러분은 그 팀과의 회고를 멈출지도 모른다. 이것은 팀이 일상 업무에서 경험한 이벤트들을 통해 학습할 수 없게 됨을 의미한다. 마지막으로 퍼실리테이터는 자신감을 잃을 것이다.

징후

징후는 여러분에게서 찾을 수 있다. 스스로 확신하지 못하는 특정 액티비티를 퍼실리테이션하면서 불편함을 느낀다. 팀 구성원들 사이에서도 징후를 확인할 수 있다. 구성원들이 킥킥거리고 속삭이거나 여러분의 요청을 거부하는 때다. 소개한 액티비티를 적절히 시도해보지도 않고 포기하는 것 또한 징후 중 하나다.

리팩터된 해결책

간단히 말해 "성공할 때까지 속여라!"이지만 퍼실리테이터가 지을 수 있는 최고의 미소만으로는 액티비티를 성공시킬 수 없다. 액티비티가 특정 상황에서 특정한 사람들에게 효과가 있을지 스스로 확신하지 못할 때가 있다. 대부분 여러분이 옳을 것이고 만일 효과가 있다고 믿지 않는다면 그 액티비티는 확실히 효과가 없을 것이다.

사람들은 회고를 좋은 경험으로 만드는 작업을 할 것이다. 처음엔 인정하고 싶지 않을 수도 있다. 너무 멋진 데다 이미 성인이고 너무 진지한 탓에 동료를 칭찬하거나, 발로 투표하거나(즉, 원하는 것을 표현하려고 회의실 안에서 여기저기로 움직이는 것), 일어서서 원을 그리거나, 지난 식사 메뉴는 무엇이었는지 공유하는 일을 못할 것처럼 보이겠지만, 이 아이디어가 충분히 좋은 것이라고 설득할 수 있다면 그들은 기꺼이 액티비티를 시도하려 한다.

물론 내적인 도전도 있다. 여러분이 퍼실리테이션하는 팀에 새로 투입돼 경험이 없다면 아직 팀원들의 인정을 받지 못했을 수 있다. 무엇보다 팀은 회고 자체를 존중하지 않을 수 있다. 액티비티를 하기로 했다면 여러분은 그 액티비티를 확실히 신뢰해야 한다. 처음엔 안전하고 지루한 액티비티만 사용하겠지만 점점 대담해질 것이다. 스스로 잘 알고 목적을 명확히 설명할 수 있으며 어리석지 않은 액티비티를 선택해야 한다. 스스로 믿지 않는 액티비티는 누구도 믿지 않는다.

액티비티는 목적과 팀이 얻을 수 있는 것을 설명하면서 시작한다. 액티비티를 하고 나면 이점을 반드시 확인한다. 공유의 기회, 분위기 전환, 원인 식별, 단순히 함께하는 즐거움 혹은 서로에 관해 더 잘 알기 등이 될 수 있다. 액티비티를 마친 뒤 디브리핑으로 팀이 얻는 내용을 보강하면 더욱 좋다.

온라인 관점

온라인 회고에서는 어려우면서 쉬운 안티패턴이다. 온라인에서 참여자에게 안전한 영역에서 벗어나는 무언가를 하도록 설득하기는 어렵다. 여러분과 참여자 사이에 온라인이 만든 더 많은 경계가 있어서다. 그러나 팀이 액티비티를 조롱할 때는 경계로 인해 덜 잔인하게 느껴질 수 있다. 온라인이든 오프라인이든 여러분이 신뢰하며 목적을 설명할 수 있는 액티비티를 선택하고 부정적인 반응을 개인적으로 받아들이지 않는 것이 중요하다.

개인적 일화

새로운 한 팀을 퍼실리테이션한 적이 있다. 처음부터 회고는 팀이 자발적으로 원한 게 아니라 누군가 강요해 이뤄진 것처럼 느껴졌다. 그들은 자리에 앉아 이야기하고 싶어 하지 않았다. 데이터 수집하기 단계에서 좋았던 이벤트나 에너지를 줬던 것을 생각하게 했음에도 각자 수행한 일 중에서 좋은 점을 전혀 발견하지 못했다. '부정적인 팀(21장)' 안티패턴도 참고하길 바란다.

나는 놈 커스의 '감사하기 Offer Appreciations' 액티비티를 적용하기로 했다. 팀원들을 일으켜 세워 원을 그리게 하는 데는 설득이 필요했다. 이 과정의 필요성과 액티비티에 관해 설명했다. 난 준비한 공을 손에 들고 참여자 중 한 사람의 좋은 점을 이야기한 후 그 사람에게 공을 던졌다. 공을 받은 사람도 다른 사람의 좋은 점을 이야기하고 그 사람에게 공을 던지는 방식으로 이어갔다.

나는 그가 이전에 남긴 긍정적인 코멘트에 관해 이야기하며 공을 던졌다. 공을 받아 든 그는 공을 한번 보더니 말없이 주위를 둘러봤다. 그리고 조용히 공을 땅에 떨어뜨렸다. 카펫 위를 구르는 공을 보며 나는 패닉에 빠졌다. 어떻게 대응해야 할지 아무 생각도 나지 않았다. 서둘러 액티비티를 마치고 회고를 마무리했다. 같은 일이 지금 내게 일어난다면 그때와는 다르게 대응할 것이다.

당시엔 그가 감사하기 액티비티를 어리석은 게임이라고 생각한 것으로 이해했다. 지금도 어느 정도는 같은 생각이다. 하지만 이야깃거리가 없었던 것일 수도 있다. 혹여 있었다 하더라도 공유하고 싶지 않았을 수도 있다. 이것은 심각한 적신호이지만 여러분이 이런 상황을 경험했다면 그야말로 큰 선물이기도 하다. 팀 내 어려움이 어디에 있는지에 대한 정보를 얻을 수 있기 때문이다.

지금의 나였다면 그 상황에 즉시 뛰어들어 그가 무시한 인정에 관한 생각이 있는지, 혹은 동료와 팀원들을 인정할 이유를 생각해 낼 수 있는지 물어봤을 것이다. 상황에 따라서는 회고가 끝난 뒤 다른 사람들의 눈을 피해 따로 물어봤을 수도 있다. 어떤 경우라도 사람들을 창피하게 만드는 일은 현명한 선택이 아니다. 퍼실리테이터로서 여러분의 역할이 확실히 자리매김했거나 존중받는 상태가 아니라면, 여러분과 팀 사이의 관계에 해가 될 수도 있기에 더욱 주의해야 한다. 그런 상황을 오늘 만났다면 다른 사람들에게 하고 싶은 말이 있는지도 물어볼 것이다.

그땐 그 행동을 내 퍼실리테이션에 대한 거친 비판으로 받아들였다. 부분적으로는 그랬다. 같은 일이 지금 일어난다면 난 이것을 대화 시작의 흥미로운 방법으로 볼 것이다. 그동안의 경험으로 그런 행동이 나를 향한 비난이 아님을 알았기 때문이다. 모든 깨달음에는 시간이 걸린다.

팀이 액티비티에 참여하길 바라는 이유를 팀에 설명해야 했다. 팀 안에서 서로를 인정하는 것은 매우 중요하다. 이는 신뢰를 쌓는 과정이며 신뢰가 구축돼야 각자 목소리를 내고 질문을 할 수 있게 된다. 질문을 할 수 있다는 것은 문제를 조기에 다룰 수 있음을 의미하며, 팀은 효율적이고 지속적으로 일할 수 있다.

18장
거대한 입

팀원 중 누군가가 자신의 의견을 쉴 새 없이 늘어놓는다. 퍼실리테이터는 다양한 기법을 사용해 다른 팀원들이 의견을 낼 수 있도록 한다.

컨텍스트

르네는 이야기하기를 좋아한다. 매일 엄청난 양의 이야기를 해서 팀의 다른 구성원들은 커피 머신 근처 등 이야기 도중에 벗어나기 쉬운 장소에서만 그와 이야기하려고 한다. 그는 자신의 목소리를 듣기 좋아하며, 지난 회고에서도 자신이 관심이 있는 이슈를 자세히 설명하는 데 시간을 대부분 써버렸다.

사라는 회고에서 르네가 말하는 시간을 체크해서 다른 사람들이 말하는 시간과 비교하기로 했다. 르네가 말이 많다는 것은 익히 알았지만 다른 사람들이 말하는 시간을 합친 것만큼 말을 많이 한다는 것에 새삼 놀랐다.

또한 팀의 다른 구성원들이 회고에서는 더 조용해지는 것을 알아차렸다. 몇몇 구성원은 르네가 이야기를 시작하면 스마트폰을 보기 시작하기도 했다. 사라는 르네의 독단적인 토론을 끝내고 싶었지만, 그가 당황하거나 화나게 하는 일은 피하고 싶었다. 르네의 이야기는 끝없이 이어졌다.

일반 컨텍스트

팀에는 르네처럼 남들이 자신의 이야기를 듣는 것을 즐기는 **거대한 입**이 한 명은 존재한다. 참여자들은 회고가 모든 팀 구성원에게 생각과 걱정을 공유할 기회를 주는 것으로 생각하는 반면, 르네와 같은 사람들은 회고 시간을 끊임없이 말하는 기회로만 이용한다. 이들은 긴 이야기를 하거나 다른 사람이 잠시 숨 고르는 틈을 비집고 끼어든다. 이런 행동을 즉각 지적하는 것은 퍼실리테이터가 다소 무례하거나 불편하다고 느낄 수 있으므로 **거대한 입**은 종종 자신의 할 일을 계속한다.

안티패턴 해결책

거대한 입이 이야기하도록 그대로 둔다. 여러분은 그들이 화내는 것을 원치 않기 때문이다. 이 안티패턴 해결책은 많이 사용되는데, 그것은 아마도 퍼실리테이터가 한 사람이 논의를 독차지하는 것이 문제인 이유를 설명할 방법이 없기 때문일 것이다. 어쩌면 퍼실리테이터는 **거대한 입**을 방해하는 것을 어려워할 수도 있다. 자신이 무례한 사람이 되는 것을 피하고 싶어 하기 때문이다(유감스럽게도 거대한 입은 금지를 공유하지 않는다).

만약 **거대한 입**이 회고의 유일한 참여자라면 퍼실리테이터에게는 회고의 액티비티나 집중할 영역을 바꾸는 것보다 이야기하도록 두는 편이 쉬울 것이다.

때때로 사람들은 팀이 지루한 독백에 불안해하거나 관심 없는 것을 전혀 알아채지 못하는 **거대한 입** 드론^{Drone}의 전원이 켜지면 구석에서 킥킥거릴 것이다(이런 현상은 거대한 입의 직책이 낮을 때 주로 그렇다). **거대한 입**이 이야기를 시작하면 사람들이 자리를 떠나는 경우도 많다.

결과

거대한 입은 발언 시간을 독점하며 다른 사람들은 아무 말도 하지 않는다. 물론 그의 이야기를 듣지도 않으므로 혹여 **거대한 입**이 관련 있는 주제를 이야기할 때 팀은 내용을 놓치게 된다.

거대한 입에는 '스토리텔러^{Storyteller}'와 '브레이커^{Breaker}'의 두 가지 유형이 있다.

스토리텔러는 컨텍스트 절에서 설명한 유형이다. 한번 이야기를 시작하면 절대 멈추지 않는다. 기회만 있으면 이야기를 시작한다. 매우 관련이 있거나 재밌는 이야기일 수도 있지만, 회고 시간은 긴 이야기를 할 수 있을 정도로 충분하지 않다. 간단하게 시간을 참여자 전체 수로 나눠라. 액티비티를 설명할 시간, 액티비티 후 디브리핑 시간, 포스트잇 노트를 쓰는 것과 같은 다른 태스크를 위한 시간을 잊어서는 안 된다. 시간을 계산해 보면 각 참여자가 말할 수 있는 시간이 얼마나 짧은지 알 수 있을 것이다.

스토리텔러 때문에 어떤 사람들은 이야기 듣기를 멈추거나 자리를 벗어난다. 그들은 회고의 주제가 아닌 다른 것을 생각하거나 소셜 미디어 혹은 이메일에 집중한다. 팀이 경청하지 않으면 회고처럼 구조화된 회의로 얻으려 했던 공동의 생각을 얻지 못한다. 참여자들이 같은 영역에 집중하지 않으면 모든 회의는 아무런 효과가 없다.

브레이커는 스토리텔러와 성격이 다르다. 순서를 무시하고 발언하며 거의 모든 이슈에서 자신에게 적절한 의견이 있다고 믿는다. 다른 참여자들의 경험이나 느낌과 관계없이 브레이커들은 항상 비슷하거나 더 낫거나 나쁜 것을 시도한다(그렇게 믿는다). 다른 참여자가 어떤 의견을 표현하든 브레이커들은 의견을 떠올린다. 그리고 의견을 반드시 표시해야만 한다.

결과적으로 참여자들은 방해를 받고 공유한 내용은 누락되며 다른 팀원들은 함께 기여하는 것을 멈춘다. 하고자 했던 말을 끝내지 못한 실망감 때문이다. 이는 다른 참여자들에게 두려움을 주는 동시에 회고 분위기를 망가뜨린다. 또한 회고 결과물에도 부정적인 영향을 끼친다. 몇 가지 데이터와 그 뒤에 숨은 인사이트들이 큰 그림에서 누락되면 여러분은 도전을 극복하는 데 필요한 이해 혹은 가능한 방법을 놓칠 수 있다.

징후

여러분은 사람들이 회고를 피하고 저들끼리 이야기를 시작하는 모습을 본다. 명확한 지표는 누군가 혼자서 내내 이야기하는 것, 혹은 적어도 그러려고 **노력**하는 것이다.

리팩터된 해결책

이 상황은 명확한 해결책 중 하나를 사용해 해결을 시도할 수 있다. 예를 들어 발언 막대기Talking Stick를 준비해 말할 사람에게 차례로 전달한다. 이는 브레이커에게 훨씬 효과적이고 스토리텔러에게는 오히려 반대 효과를 낼 수도 있다. 스토리텔러는 발언 막대기를 손에 쥔 채 다른 사람에게 전달하지 않을 것이기 때문이다.

스토리텔러에게는 각 참여자가 정해진 시간 동안만 발표하도록 하는 것이 효과적이다. 타이머나 스톱워치를 사용해 시간(예를 들어 1분, 2분, 3분 등)을 측정한다. 그러고 나서 얼마나 많은 주제를 이야기해야 하는지, 각 참여자에게 발언 시간이 얼마나 주어졌는지 설명한다.

마법의 문장인 다음 문장을 적절하게 바꿔 사용하라. "정말 흥미로운 논의였어요. 하지만 이 논의는 나중에 다시 다루는 것이 좋겠어요." 여러분은 주차장을 만들 수도 있다. 주차장은 회고 시간 이외에 논의가 필요한 이슈를 모아두는 공간이다.

거대한 입의 성격 그리고 여러분과의 관계에 따라 이들의 장황함은 여러 방법으로 다룰 수 있다. 한 가지 방법으로 말보다 글을 쓰는 액티비티를 많이 포함할 수 있다. 또 다른 방법으로 전체 논의를 최소한으로 유지할 수도 있다. 이렇게 함으로써 **거대한 입**은 항상 두세 사람 정도의 소규모 그룹에 포함되며 팀 전체 대신 몇몇 사람만 '오염시키게' 될 것이다.

세 번째 방법은 회고 바깥에서 **거대한 입**과 이야기하는 것이다. 여러분이 **거대한 입**을 다뤄야 함을 안다면 회고 전에 이야기하고 준비되지 않았다면 회고 후에 이야기한다. 성격 이슈를 다룰 때는 일반적으로 회의장이 아닌 일대일 상태에서 상대하는 것이 다루기 쉽다. 사람들 앞에서 그들에게 행동을 바꿀 것을 요청하면 결과가 좋지 않을 것이다. 공개적으로 바람직하지 않은 행동을 지적하면 사람들은 위협을 느끼거나 당황하거나 부끄러움을 느끼며 화나 두려움, 부정, 슬픔으로 반응한다. 반대로 **거대한 입**들은 존중을 보이는 개인적 대화에서 행동을 수정하는 요청을 잘 받아들인다.

그들의 행동이 다른 사람들에게 미치는 영향을 설명하면 **거대한 입**들의 눈이 휘둥그레진다. 자신들이 말을 많이 한다는 사실 자체를 모르기 때문이다. 이럴 때는 그들이 말하는 시간과 다른 사람들이 말하는 시간을 측정하면 도움이 된다. 여러분과 대화를 하는 것만으로도 그들은 상황을 파악하므로 매우 큰 도움이 된다. 이야기의 가장 중요한 부분을 요약하지 못하는 사람이라면 효과가 없을 수도 있다. 후자의 경우를 자폐 스펙트럼의 경계에 있는 사람들에게서 본다. 이들은 모든 세부 내용을 중요하게 여겨서 요약하는 것을 매우 힘들어한다.

그럴 때 나는 회고에서 그들에게 특별한 신호를 보낸다. 그러면 그들은 이야기를 마치고 질문을 시작해야 한다는 것을 알게 된다. 일반적으로 팀은 질문을 거의 하지 않는다. **거대한 입**을 가진 사람들은 이슈를 알게 된 것에 행복해한다. 이야기를 요약하는 방법 혹은 최소한 말을 마쳐야 하는 시점을 깨닫는 방법을 학습함으로써 다른 상황에 이 교훈을 적용할 수 있기 때문이다.

온라인 관점

온라인 회고에서는 **거대한 입**의 마이크를 음소거하는 것으로 이 안티패턴을 해결할 수 있다. 하지만 애초에 여러분이 **거대한 입**을 이 방식으로 대하기로 계획하지 않았다면 좋은 방법은 아니다. 이 안티패턴은 온라인 회고에서 더 쉬운 방법으로 다르게 해결할 수도 있다. 온라인 환경에서는 모든 사람이 돌아가며 말하는 라운드 로빈 방식이 적합하다. 또한 나뉜 공간^{Breakout Room}을 활용해 **거대한 입**을 격리할 수 있다. 온라인 회고는 일반적으로 오프라인 회고보다 짧으므로 여러분은 이 안티패턴을 잘 알아채야 하며 가능한 한 빨리 해결책을 찾아야 한다.

개인적 일화

이 안티패턴과 관련해 나누고 싶은 이야기가 많다. 스펙트럼의 양쪽 끝에 관한 이야기를 해볼까 한다.

내가 자주 회고 퍼실리테이션을 했던 회사에서 있던 일이다. 회사는 자체적으로 회고를 하지 않았고 외부 퍼실리테이터인 나와만 회고를 했다. 팀원 중 한 명이 **거대한 입**이었다. 그와 함께 컴퓨터 과학을 공부했기 때문에 이미 서로 알고 있었다. 두 사람 모두 너무 많은 이야기를 하는 것이 그의 문제임을 알았으며 주변 사람들도 마찬가지였다.

지적이며 유쾌한 그의 혼잣말을 사람들은 즐길 때도 많았지만 회고에서는 아니었다. 사람들은 회고에 참석해야 했고 시간은 제한돼 있었기에 엔터테인먼트 요소는 전혀 도움이 되지 않았다. 답을 찾기 쉬운 문제였다. 내가 이 호감 가는 **거대한 입**을 잘 알았기 때문이다. 우리 관계는 편안했고 그의 자아가 모든 것을 받아들일 수 있음도 알았다.

나는 회고에서 약간의 농담을 섞어가며 "고마워요. 얘기는 잘 들었어요. 그런데 다른 사람들이 할 말이 있는 것 같네요" 또는 "와, 굉장히 상세하게 말해 줘서 의지가 되네요. 하지만 지금은 속도를 높이는 게 좋겠어요. 혹시 다른 사람이 설명해 줄 수 있을까요?"라고 말했다. 이 방법은 꽤 재밌었고 그가 입을 열 때 생기는 긴장을 풀어줬다. 긴장은 참여자들이 언제 **거대한 입**이 다른 사람에게 이야기할 기회를 줄 것인지 걱정하면서 만들어진 것이었다.

물론 회고 참여자를 놀리라고 말하는 것이 아니다. 그러나 때로는 이 방법이 실제로 가장 효과적이고 고통이 적은 방법이기도 하다.

또 다른 이야기는 내가 새로운 회사에서 처음 회고 퍼실리테이션을 했을 때 겪은 일이다. 회고 퍼실리테이션을 위해 초대받거나 고용되면 나는 사전에 많은 질문을 한다. 질문 중 하나는 내가 미리 알고 있어야 할 긴장이 존재하느냐는 것이다.

또 다른 질문은 "말하기를 좋아하는 사람은 누구인가?"이다. 이 질문의 답을 통해 즉시 바꿀 수 있는 다양한 어젠다를 준비함으로써 어려움에 대비할 수 있기 때문이다. 예를 들어 누군가 공격적인 모습을 보이면 반영 활동을 조용한 것으로 바꾼다. 또는 팀을 작은 그룹으로 나눠 긴장을 해소한다. 경험상 긴장은 모든 사람이 쳐다보고 있을 때 생겨난다.

하지만 우연히도 나를 초청한 사람이 **거대한 입**이었고 한 번에 30분씩 이야기하면서 방 전체를 차지하려는 경향이 있음을 알지 못했다. 내 호스트는 그의 장황함에 대해 경고하지 않았기에 회고를 시작하고 나서야 그 사실을 알게 됐다. 다행히도 회고를 시작하며 내가 처음 던진 질문은 팀원들에게 지난 스프린트에서 어떤 느낌을 받았는지 두세 단어로 설명해 달라는 것이었다.

이것은 **거대한 입**에게는 치명적인 활동이다. 두세 단어가 종종 20단어나 30단어로 바뀌기 때문이다. 이 사람은 자신이 하려는 말을 줄일 수 없거나 줄이지 않을 것이다. 계획을 바꿀 수 있는 시간이 생겨서 쓰기가 많은 액티비티를 하고 전체 논의는 거의 하지 않았다. 이 회고 후 나는 다른 회고 퍼실리테이터로 초청을 받았다. 그 회고 전에 **거대한 입**과 이야기를 나누고 이슈를 설명할 기회가 있었다. 그는 내 말을 받아들였으며 **거대한 입**의 크기는 조금 작아졌다.

마지막 예시에서 내가 최근 만난 새로운 팀에는 **거대한 입**이 하나도 아니고 둘이었다. 나는 이 사실을 너무 늦게 깨달았기에 아무런 반응도 할 수 없었고, 그들 중 한 사람이 회고의 논의 시간 대부분을 잡아먹었다. 그 후 또 하나의 **거대한 입**이 나를 심하게 몰아붙였다. 그녀는 나머지 **거대한 입**에게 크게 화를 내고 내게도 화를 냈다. 그녀가 말을 거의 하지 못해서였다. 하지만 그녀는 실제 회고의 남은 시간을 전부 이야기하는 데 써 버렸다. 실소 밖에 나오지 않았다. 사람들이 다른 사람 때문에 분노하는 것은 대부분 그들을 통해 보는 자신의 그림자 때문인 경우가 많다. 그들의 두려움에 관해 잘 들어보면 무엇 때문에 자신과 다투고 있는지 힌트를 얻을 수 있다.

19장
침묵하는 사람

말을 거의 하지 않는 팀원이 있다. 퍼실리테이터는 다양한 기법을 사용해 침묵하는 사람이 의견을 제시할 수 있도록 해야 한다.

컨텍스트

킴은 팀에서 **침묵하는 사람**이다. 모국어는 덴마크어가 아니며 내성적이다. 그래서 스프린트 기간 중 진행하는 회의에서는 물론 회고에서도 매우 조용하다. 킴은 회고의 회고를 할 때면 마지막에 항상 미소 지으며 정말 좋은 회고였다고 말한다. 질문을 거의 하지 않으며 논의 안으로 들어오지 않는다.

처음에 사라는 킴의 침묵을 문제라고 생각하지 않았다. 회고 진행과 기대한 결과를 얻는 것에 집중해야 했기 때문이다. 킴은 **침묵하는 사람**의 역할을 훌륭하게 해냈고 동료들 또한 그녀에게 침묵을 기대하게 됐다. 사라는 킴의 침묵을 문제로 정의하고 회고 때마다 킴을 불러 전체 논의에 추가하고 싶은 것이 있는지 물었다. 킴은 아무런 의견도 내지 않았다.

일반 컨텍스트

사람들이 항상 이야기하고 싶어 하는 것은 아니다. 다른 사람보다 말하기 좋아하는 사람이 있는가 하면 극단적으로 말을 아끼는 사람도 있다. 그렇대도 후자의 사람들이 하는 이야기를 듣는 것은 매우 중요하다. 회고는 팀 액티비티이며 팀 구성원 모두가 의견을 제시해야 하기 때문이다. 그렇지 않으면 목소리가 큰 사람들의 이야기만 들리고 **침묵하는 사람**의 이야기는 거의 들리지 않을 것이다.

침묵하는 사람은 팀의 다른 구성원보다 덜 신경 써도 된다고 느껴지는 사람이다. 학생 인턴, 새로 합류한 구성원, 성 소수자, 국적, 업무 역할을 가진 이들이다. 테스터들이 **침묵하는 사람**인 때가 종종 있다. 반드시 그렇지는 않지만 천성적으로 부끄럼을 잘 타는 편이며, 팀에서는 테스터의 의견보다 개발자의 의견이 더 중요하다고 가르치기 때문이다. 이제는 이런 경향이 바뀌고 있다고는 하나 내가 보기에는 속도가 너무 더디다.

안티패턴 해결책

퍼실리테이터는 회고를 진행하면서 발표자의 집중을 돕고 **거대한 입**들이 회의를 차지하지 못 하게 하느라 바쁜 나머지 **침묵하는 사람**을 발견하지 못한다. 경험이 풍부한 퍼실리테이터조차 **침묵하는 사람**을 쉽게 발견하지 못한다. 그들이 대부분 상냥하기 때문이다(그들이 상냥하지 않다면 20장, '부정적인 사람' 안티패턴을 참조하라). 겉으로는 행복해 보이기에 아무도 그들의 침묵에 신경 쓰지 않는다. 할 말이 없다는데 억지로 입을 열도록 압박해야 하는가?

결과

이 안티패턴은 여러 가지 부정적인 결과를 낳는다. 모든 사람의 의견을 받아들이긴 어렵기에 팀이 공유된 경험이라는 이익을 얻을 수 없다는 점을 가장 중요하게 생각한다. **침묵하는 사람**은 논의와 결정 과정에서 효과적으로 빠져나간다. 침묵하는 사람은 경청하는 역할로서 모든 발언을 관찰하고 생각할 수 있다. 그렇기에 그들의 입을 열게 하는 데 노력이 필요하며 그들의 말에 귀 기울여야 할 가치가 있다.[1]

부정적인 또 다른 결과로는 자신이 팀의 일부가 아니라고 조금이라도 느끼는 사람들이 스스로 선택했다 할지라도 구석에 조용히 있다 보면 그들이 느끼는 소외감이 더 커진다. 그 결과 팀은 다양한 인사이트를 놓친다. **침묵하는 사람**이 마음속으로 자신이 불행하거나 팀 혹은 조직을 떠날 생각을 한다면 그 역시 발견하기 어렵다.

---

1   기억하라. 잔잔한 물이 깊은 법이다.

징후

팀 구성원 중 한 사람이 언제나 조용하다. 처음에는 눈치채지 못할 수도 있지만 몇 번의 회고를 진행한 뒤에는 특정한 행동 패턴, 아니 '안티패턴'이 보인다. 여러분은 그들에게 질문을 하거나 **침묵하는 사람**을 논의에 참여시키기 위해 주의를 더욱 기울이고 있음을 알게 된다. 누군가가 이야기하려 하다가 다른 사람이 끼어들어 침묵하는 사람을 보기도 한다. 이럴 때는 '거대한 입(18장)' 안티패턴을 확인해야 한다.

리팩터된 해결책

이 안티패턴은 상황에 따라 다양한 방법으로 해소할 수 있다. 리팩터된 해결책 중 분명한 하나는 『애자일 회고』에서도 설명하고 있다. 회고에 참여한 모든 사람에게 회고 초반에 무언가 말하도록 요청하는 방법이다. 한마디라도 꺼내게 되면 말하기가 훨씬 편해지고 조용히 있어도 된다면 침묵을 지키기가 더 쉬워진다. 이는 **활성화 현상**Activation Phenomenon[2]이라 부르기도 한다. 그러므로 회고를 시작할 때 모든 사람에게 적어도 한마디씩 하도록 해야 한다.

회고 퍼실리테이션에서 **침묵하는 사람**을 발견하면 논의가 필요한 시점에 팀을 두세 그룹으로 작게 나눈다. **침묵하는 사람**이 여전히 말하기를 꺼리는 듯하면 내가 교육에서 가르치는 '생각하기, 짝짓기, 공유하기' 접근 방식을 사용한다.

2 　가완디(Gawande)는 『Checklist Manifesto』(Picador, 2010)에서 사람들을 지속적인 활성화 상태로 유지하려면 시작 시점에 활성화하는 것이 중요하다고 강조한다.

생각하기, 짝짓기, 공유하기(Think, Pair, Share)

전체 회의에서 질문하는 대신 여러분이 던진 질문에 사람들이 먼저 생각하도록 놔두는 기법이다. 질문의 난이도에 따라 30초에서 120초 정도 뒤에 두 명씩 짝을 지어 생각한 답을 논의하도록 한다. 짝을 지어 논의하는 과정을 두 차례 진행하고 참여자들이 원한다면 그들의 답을 전체와 공유한다.

『The Surprising Power of Liberating Structures^{자유로운 구조가 주는 놀라운 힘}』(Liberating Structures, 2014)에서 소개한 '1, 2, 4, All 기법'을 사용해도 좋다. 이 기법에는 짝짓기와 공유하기 사이에 두 단계가 추가되는데, 두 명씩 짝을 지은 후 다시 네 명씩 짝을 지어 그룹을 만든다.

두 액티비티 모두 참여자들이 다른 사람에게 말하기 전에 혼자 생각하고 반추할 기회가 있다는 점이 중요하다. 생각, 학습, 일하는 방식에 있어서 적극적인 선호도를 지닌 사람들이 있는가 하면, 반사적인 선호도를 지닌 사람들도 있다. 적극적인 사고를 하는 사람들은 이슈에 관해 즉시 이야기해야 한다. 반면에 반사적인 사고를 하는 사람들은 이야기하기 전 이슈에 대해 스스로 받아들이는 약간의 시간이 필요하다. 전체 회의에서 한 가지 질문을 한다면 반사적인 사고를 하는 사람들은 즉시 대답하지 못할 것이고, 그 상태에서 전체 논의가 시작되면 이들은 반영할 시간이 부족하다.

나는 **침묵하는 사람** 안티패턴을 알아채기 위해 회고에 참여한 사람들의 이름을 적는다. 참여자들이 명확하게 지적을 받지 않고도 논의에 기여하는 발언을 하면 이름 옆에 작은 점을 하나씩 찍는다. 점이 하나도 찍히지 않은 사람을 발견하면 **침묵하는 사람**인지 유심히 살펴본다.

여러분이 이 안티패턴에 있고 내가 설명한 방법으로 해결이 어렵다면 회고 밖에서 **침묵하는 사람**과 회고에 문제가 있었는지 혹은 도울 만한 일은 없는지 직접 이야기를 나눠 봐야 할 수도 있다. 그룹을 나눠보거나 이야기를 좀 더 적게 하는 액티비티를 시도하는 것도 리팩터된 해결책이다.

온라인 관점

온라인 회고는 **침묵하는 사람**이 숨기에 최적이다. 그래서 그 상황을 즉시 인지하기가 쉽지 않다. **침묵하는 사람**의 존재를 눈치챘다면 온라인 세팅의 장점을 활용할 수 있다. 여러분은 라운드 로빈, 브레이크아웃 룸 또는 말없이 글쓰기만을 포함하는 액티비티(모든 사용자의 마이크를 음소거한다) 등을 이용할 수 있다. **침묵하는 사람**이 말을 하도록 강요하는 것이 아니라, 그의 의견도 말할 수 있다는 컨텍스트를 만드는 것이 중요하다. 몇몇 온라인 도구는 글쓰기와 그림 그리기 기능 등을 함께 제공하므로 이를 활용해 문제 해결에 도움을 얻을 수도 있다.

개인적 일화

내가 격주로 회고 퍼실리테이션을 했던 팀의 이야기다. 팀 구성원 중 한 사람이 유난히 조용한 것을 알아챘다. 이유는 몰랐지만, 회고는 분산된 회고였고 그는 다른 사이트에 있었기 때문에 그와 편안히 이야기를 나누기는 쉽지 않았다. 자연스럽게 그가 회고를 쓸모없다고 여기는 것은 아닌지 궁금해졌고 이를 확인하기 위해 팀과 무언가 해보기로 정했다.

다음 회고에서 팀은 타임라인을 만들고 지난 2주 동안 있었던 이벤트들을 포스트잇 노트에 적어 붙인 뒤, 각 이벤트에 대한 느낌을 이야기했다. 라운드 로빈 방식을 사용해 포스트잇 노트들을 큰 소리로 읽거나 본인이 적은 노트를 읽게 했다. 다만 논의 주제로는 긍정적인 내용이 담긴 포스트잇 노트를 골라야 했다.

참여자들은 자신이 적은 노트를 선택하거나, 어떠한 관련성이 있어서 흥미로운 노트를 선택하거나, 무슨 내용인지 이해할 수 없는 노트를 선택할 수 있었다. 대부분 자신의 노트보다는 다른 두 가지 기준에 해당하는 노트를 선택했다. 우리는 긍정적인 내용의 노트, 물음표가 적힌 노트, 부정적인 내용의 노트 순으로 활동을 진행했다.

대부분 노트는 사람들이 흥미롭게 생각해서 선택됐다. 반면에 적힌 내용을 정확하게 이해할 수 없어(이슈 자체를 이해하지 못했거나 그 이슈가 긍정적 혹은 부정적으로 보인 이유를 이해하지 못해서) 선택된 노트가 많았다. 이 활동에서 그 사람을 첫 번째로 말하도록 시키지 않았다. 다만, 참여자들이 각자 잘 이해하지 못하는 이슈를 선택했을 때 침묵하는 사람 역시 자신이 이해하지 못하는 노트를 집어들었다.

난 그 사람이 스스로 이해하지 못한다는 것을 인정하기 두려워했기에 지금까지 침묵을 지켰음을 알게 됐다. 우리는 매우 간접적인 방법으로 팀에서 더 많은 신뢰를 만들 수 있다. 그리고 이 안티패턴에서는 이 방법이 무엇보다도 필요하다.

20장
부정적인 사람

팀원 중 누군가의 태도가 회고 전체에 부정적인 영향을 크게 미친다.
퍼실리테이터는 부정적인 영향이 확산되지 않도록 다른 팀원들을
보호해야 한다.

컨텍스트

사라는 풍부한 경험으로 무장한 회고 퍼실리테이터가 되기 위한 여정에서 과거로 조금 돌려 처음 퍼실리테이션했던 회고를 떠올려 본다. 르네는 회고 비즈니스 전체에서 감흥을 받았다고 할만한 게 없다. 회고에 항상 늦게 도착했고 "아, 미안해요. 진짜 업무를 하느라 좀 바빴어요", "다른 사람들은 회사에서 게임할 시간이 있는 걸 보니 기쁘네요"와 같이 수동적이고 공격적인 말로 사과를 했다.

회고가 진행되는 동안에도 르네는 모든 수단을 동원해 사라의 퍼실리테이션과 액티비티에 관해 (팔짱을 끼고 히죽거리는 얼굴로) 역설적이고 비꼬는 코멘트를 했다. 사라는 르네가 논의에 긍정적으로 참여할 수 있도록 최선을 다했음에도 답을 찾지 못했다. 또한 르네가 다른 팀원들에게도 영향을 끼치는 것을 알 수 있었다.

르네는 숙련된 프로그래머였고 팀 내 높은 지위를 즐겼다. 팀원들은 모두 르네의 눈치를 보며 상황에 대응했다. 르네의 부정성은 팀 전체로 빠르게 퍼져나갔다.

일반 컨텍스트

부정적인 사람들은 스스로 회고를 어떻게 느끼는지에 대해 매우 개방적이다. 그들은 어떤 회고에서든 경멸하는 말을 하며 회고를 우습게 여긴다. 또한 회고를 끝내려 하거나 최소한 회고가 더는 없도록 하려고 다른 사람들을 자신의 사고방식으로 이끌려 노력한다. 그들의 행동은 퍼실리테이터에게 걱정과 스트레스의 요인이다. 그들을 무시하기 어렵기 때문이다. **부정적인 사람**은 매사에 부정적인 경우가 많으며 스스로 비판적인 목소리를 낸다는 데 자부심이 있기도 하다.

안티패턴 해결책

퍼실리테이터들은 **부정적인 사람**을 무시하기로 마음먹고 그들의 행동이 지나가길 바란다. **부정적인 사람**의 태도에 영향을 받은 몇몇 퍼실리테이터는 분노하거나 자신이 회고 퍼실리테이션에 부적합하다고 느끼기도 한다. 이런 행동을 적절하게 다루지 않으면 부정성은 팀 전체에 암세포처럼 퍼진다.

결과

부정적인 사람이 한 명뿐이라면 팀 전체로 부정성이 퍼지지 않는 한 문제는 크지 않을 수도 있다. 그러나 **부정적인 사람**이 팀 안에서 인기가 있거나 존경받는 사람이라면 팀 전체로 부정성이 퍼질 것이다. 결과적으로 팀원들은 불편함을 느끼고 회고는 즐겁지 않거나 유용함이 낮아지게 된다. 참여자들이 회고 액티비티를 성실히 수행하길 두려워하기 때문이다. 팀이 회고를 심각하게 받아들이지 않게 되면 공유는 더욱 어려워지고 결과적으로 목표 달성도 어려워진다. 여러분이 화[1]를 잘 내거나 쉽게 분노하는 퍼실리테이터라면 **부정적인 사람** 안티패턴은 퍼실리테이터로서뿐만 아니라 본인에게 감정적으로 좋지 않은 영향을 미칠 수도 있다.

징후

부정적인 사람들은 항상 팔짱을 끼고 있다(문자 그대로이든 비유든 혹은 둘 다이든). 킥킥거리고 코웃음을 치며 부정적으로 속삭이거나 다른 사람들과 '재밌는' 것을 한다. 복도에서 회고에 관해 부정적인 이야기를 나누기도 하지만, 여러분이 항상 들

---

1 여러분이 나를 안다면 회고나 교육에서 분노 관리 문제로 난항을 겪을 때가 많다는 것을 믿기 어려울 것이다. 나를 모른다면 큰 바이킹이 가끔 베르세르크(Berserk)에 갈 수 있다는 것을 믿는 편이 쉬울 수도 있다.

을 수 있는 것은 아니다. 또 다른 징후는 이 행동이 팀의 나머지 구성원들에게 미치는 영향이다. 이들은 팀과 피상적인 이벤트만 공유하기 시작하거나 회고가 진행되는 도중 액티비티에 참여하지 않기도 한다.

리팩터된 해결책

경험상 **부정적인 사람**은 사악하거나 다른 사람에게 의식적으로 상처를 입힐 만큼 부정적이지는 않다.[2] 이 사람은 다행히 자신의 행동이나 말이 어떤 영향을 미치는지 깨닫지 못한다. 그런 행동을 개인 관점에서 받아들이지 않도록 노력해야 하나 어려울 것이다. 나 역시 누군가가 "회고를 싫어한다"라거나 "회고는 영광스러운 시간 낭비야"라고 말하면 사적으로 받아들이지 않는 것이 거의 불가능하다(베르세르크와 관련한 각주를 참고하길 바란다). **부정적인 사람**을 여러분이 그 사람, 팀, 혹은 일반적인 회고 퍼실리테이션을 더 공부하는 데 활용할 수 있는 선물이라 생각하라. 냄새나고 형편없는 포장지에 싸여 있지만 여러분이 선택한다면 그것은 여전히 선물이다.

여러분도 제1원칙을 지켜야 한다는 것을 기억하라. 모든 사람이 주어진 자원과 지식, 에너지를 총동원해서 최선을 다하고 있음을 확실하게 믿어야 한다. **부정적인 사람**(안티패턴)과 관련해서 할 수 있는 일은 무엇일지 생각해 보자. 그들이 무엇을 언제 이야기했는지 잠시 떠올려 본다. 그런 행동을 촉발할 만한 것이 있는가? 그 사람이 두려워할 만한 것이 있는가? 사람들은 일반적으로 변화를 두려워하며 많은 사람이 애자일 방식의 업무로 전환^{Transformation}하길 두려워한다. 애자일 방식은 투명성을 높이기 때문이다. 모든 사람이 전체 상태를 안다는 것은 여러분이 문제에 빠져 있음을 모두가 안다는 것을 의미할 수 있으며 이 사실이 여러분을 두렵게

---

2   명백한 사실은 아니다. 사이코패스(Psychopath)도 존재하기 때문이다.

할 수도 있다. 여러분이 체중을 줄이지 못하고 있다는 것을 모든 사람이 알게 되면 더 두려울 것이다. 어떤 사람들은 일반적인 변화를 두려워한다. 자신이 새로운 방식으로 일할 수 있을지, 혹은 새로운 프로세스를 이해할 수 있을지 확신하지 못하기 때문이다.

회고가 아닌 다른 시간에 **부정적인 사람**과 일대일로 대화하며 그의 행동이 여러분을 포함한 다른 사람들에게 영향을 준다는 점을 설명하라. 할 수 있는 만큼, 원하는 만큼 솔직하게 말하라.

『Fearless Change』에서 효과적인 패턴으로 소개된 '챔피언 스켑틱Champion Skeptic'을 적용해 볼 수도 있다. 간단히 설명하면 **부정적인 사람**을 여러분의 의도에 맞게 행동하도록(구현하고자 하는 변화, 즉 회고의 사용에 찬성하도록) 만드는 것이다. **부정적인 사람**에게 그들이 지적이며 직장, 팀, 시스템에 관한 지식이 충분하고, 회고를 학습 도구로 사용해 중요한 문제를 발견할 수 있는 능력이 있음을 알고 있다고 말하라.

도움이 필요함을 설명함으로써 **부정적인 사람**을 챔피언 스켑틱으로 바꾸는 것이다. 회고는 팀이 결정한 사안이며(혹은 누군가의 결정으로 하게 된 것이며) 새로운 챔피언 스켑틱은 효과가 있고, 효과가 없는 것이 무엇인지 파악하는 데 도움을 줄 것이다. 회고가 진행되는 동안 여러분은 은밀한 약속을 할지도 모른다. 그들이 여러분에게 무언가 바뀌어야 한다거나 알아챌 상황이 일어났다는 신호를 보낼 것이다. 그러면 그들과 함께 다음 회고를 계획할 수 있다.

나는 이 리팩터된 해결책을 여러 차례 사용했다. 그리고 챔피언 스켑틱들은 회고에서의 가장 현명한 챔피언이 됐다. 내가 그들을 조작해서가 아니라 스스로 움직임의 일부라고 여겼기 때문이다. 이 해결책은 챔피언 스켑틱을 존중해야만 효과가 있지만 열등감이나 인정의 결여 때문에 부정적인 경우가 많다. 여러분은 이를 인정함으로써 그들에게 존중을 받을 수 있다. 그들 안에서 지성이나 성취를 찾아낸다면 그들에게 여러분도 같은 모습으로 남을 것이다.

온라인 관점

온·오프라인 회고 모두에서 **부정적인 사람**이 지닌 부정성의 기반 원인을 찾아내는 것이 중요하다. 원인을 알게 되면 앞에서 설명한 것처럼 일을 시작할 수 있다. 온라인 회고에서 예상치 못하게 **부정적인 사람**을 만났다면 실시간으로 문제를 해결해야 한다. 온라인 회고에서는 모든 액티비티를 말이 아닌 글쓰기로 하는 것으로 대체하거나, 자유로운 글쓰기를 투표로 바꾸거나, 브레이크아웃 룸 같은 다양한 도구를 활용해 부정성을 억제할 수 있다. 부정성이 팀 전체로 퍼지지 않도록 하는 것이 중요한 목표다.

개인적 일화

내가 만났던 가장 **부정적인 사람**은 덴마크 IT 대기업의 한 여성이었다. 당시 그녀가 IT 업계에서 입지를 다지기 위해 '거친 남성'처럼 행동할 수밖에 없었기에 회고는 물론 애자일과 관련된 것에 부정적이었을 것으로 생각했다. 여성들에게서 이런 행동을 발견할 때가 있다. 코드 작성 외 다른 모든 행동은 우습게 여긴다고 느낄 정도로 거칠게 행동해야 한다고 생각하는 듯했다. 그녀에게 어떤 이유가 있었는지는 모르지만, 나를 어렵게 생각하고 있으며 회고에 비판적임을 알았다. 나는 두 가지 대응을 했다.

첫 번째, 액티비티와 어젠다를 소개할 때 관심과 흥미를 보이는 참여자에게 집중했다. 20년 넘게 강의와 발표를 하면서 졸거나, 장난하거나, 다른 일을 하는 사람들에게 정신적인 에너지를 쏟기보다 실제로 그 주제에 흥미가 있는 사람과 눈을 맞추고 반응에 집중하는 것이 훨씬 행복함을 알게 됐다. 애초에 흥미가 없는 사람들은 어떤 말을 해도 설득되지 않기 때문이다. 삶의 다른 것들과 마찬가지로 여러분은 어떤 문제에 시간을 사용할 것인지 매 순간 결정해야 한다. 모든 것을 할 수 있는 시간과 에너지가 없을 것이기 때문이다. 'Pick Your Battles^{전투 대상 선택하기}(Rising & Manns, 2005)' 패턴에서 이를 설명한다.

두 번째, 액티비티 실행 전과 후에 각 액티비티를 한 이유 그리고 기대한 결과와 실제 결과가 무엇이었는지 강조했다. 회고 단계를 구체적이고 명확히 만듦으로써 부정적인 사람들이 회고에 자신들을 위한 것이 있음을 이해하게 도울 수 있다. 액티비티 후 팀에 디브리핑을 하는 것은 언제나 좋은 아이디어지만, 이때는 특히 우리가 무엇을 했고 왜 했는지 분명히 해야만 했다. 또한 팀을 두 명씩 그룹으로 나눠 **부정적인 사람**이 논의에 반드시 참여하도록 했기에 평소 그랬던 것처럼 자신의 전화기를 쳐다보며 시간을 보낼 수 없었다(다른 사람과 이야기를 나누면서 전화기를 보는 등 멀티태스크를 할 수 있다고 말하는 사람들도 있지만, 우리 두뇌는 그렇게 동작하지 않으며[3] 상황이 어떻든 그런 행동은 무례하다).

그녀가 회고 내내 부정적이었던 터라 회고를 마친 뒤 따로 이야기해 보기로 했다. 이야기를 나눠 보니 그녀는 과거 몇몇 애자일 프로세스를 시도했지만 속도가 늦어지는 것만 경험했다. 이와 관련된 이야기를 조금 나눈 뒤 서로 돕기로 합의했다. 그녀는 다음 회고에서 진솔한 시도를 하고, 나는 팀이 결정했던 액션 포인트들이 이뤄졌는지, 그리고 우리가 얻고자 했던 것들이 무엇인지 가시화하기로 했다.

우리 모두 약속을 지켜 놀라운 결과를 얻었다. 그녀는 회고 참여자들에게 부정적인 사고를 발산하는 대신 스스로 회고에서 덜 유용하다고 느꼈던 부분을 내게 말해줬다. 난 그녀에게 그 액티비티들을 선택한 이유와 각 액티비티를 통해 팀이 얻도록 기대했던 것이 무엇인지 설명했다. 때때로 그녀의 조언에 따라 과정을 변경

---

3   각각의 행동이 두뇌의 다른 부분과 연관된다면 이야기는 다르다. 예를 들면 나는 글을 쓰면서 방안에 흐르는 모짜르트의 음악을 따라 휘파람을 불 수 있다.

했으며, 회고를 통해 팀이 얻은 것을 그녀가 분명하게 알게끔 진행했다. 회고를 시작할 때마다 참여자들에게 지난 회고에서 결정했던 액션 포인트(실험)의 상태와 효과에 관해 질문하면서 이를 확인했다.

또한 데이터 수집하기 단계에서 새로운 정보를 말해줄 사람이 있을지 물었다. 회고에서 얻을 수 있는 이익 중 하나는 지난 회고 이후 일어난 일에 관한 공동의 이미지에서 나오기 때문이다. 그리고 지난 다섯 번 혹은 열 번의 회고에서 결정했던 액션 포인트를 모두 돌아보며 팀이 변화를 만들었다는 점과 몇몇 변화는 지속 가능하며 효과적임을 확신시켰다.

부정적인 사람이었던 그녀는 이제 회사에서 최고의 회고 홍보 대사가 됐다. 회고의 가치에 감사하는 방법을 학습할 만큼 마음이 열려 있었기 때문이다.

21장
부정적인 팀

팀은 부정적인 것 위주로 이야기하고 싶어하는데, 부정적인 것을 통해서만 배울 것이 있다고 생각하기 때문이다. 퍼실리테이터는 긍정적인 측면에 집중하는 것에도 동등한 가치가 있음을 알려준다.

컨텍스트

타이타닉 소프트웨어 A/S 팀들은 몇 달 동안 회고를 계속해 왔다. 팀원들은 회고를 통해 몇 가지 도전을 이뤘고 문제를 해결할 수 있는 가능성을 엿보았다. 그들은 회고에서 만나 문제에 관해 더 깊게 논의했다. 회고에서 데이터 수집하기를 진행하면 부정적인 포스트잇 노트들이 자주 보였다. 사라가 부정적인 노트가 많은 이유에 대해 묻자, 문제를 해결하려고 모인 것이지 편히 쉬려고 모인 게 아니라고 답했다.

일반 컨텍스트

여러분이 함께하는 팀은 회고에서 부정적인 이슈와 이벤트에 집중하는 경향이 있다. 부정적인 마인드셋을 갖고 있거나, 개발자여서 문제를 푸는 데만 집중하거나, 적극적으로 이슈를 해결할 때 편안함을 느낄 수도 있다. 혹은 회고의 유일한 목적이 잘 동작하지 않는 것들을 찾아내고 고치는 것으로 생각할 수도 있다. 이유가 무엇이든 팀의 기술, 업무, 협업에 관한 부정적인 측면만 강조하게 되면 회고 분위기가 침울해질 수 있다.

인간은 본능적으로 부정적인 것에 집중하는 특성이 있으므로 긍정적인 것도 놓치지 않으려는 노력도 꾸준히 해야 한다. 선조들은 '위험'을 발견함으로써 생명이 위협받는 상황에서 살아남았지만, 삶의 좋은 측면에 집중하고 추가하는 데는 그런 본능이 짐이 될 수 있다. 나쁜 뉴스가 좋은 뉴스보다 잘 팔리게 마련이다.

안티패턴 해결책

팀이 가능한 한 많은 문제를 해결하기 위해 회고에서 부정적인 것에 집중하길 원한다면 요구를 따라야 한다는 유혹을 느낄 수 있다. 결국 그들을 위해 회고 퍼실리테이션을 하는 것이므로 그들이 벗어나야 할 대상이 있다고 생각하면 여러분도 그들이 벗어나길 원할 것이다. 그 결과 여러분은 긍정적인 데이터들을 빠르게 지나치고 문제나 도전과 같은 부정적인 데이터들을 다루기 시작한다. 긍정적인 노트가 있더라도 외면되기 쉽다.

결과

회고가 진행되는 동안 팀의 문제나 어려움이 해결된다면 매우 만족스러울 것이며, 이는 칭찬할 만한 것이다. 하지만 회고를 통해 훌륭한 팀을 놀라운 팀으로 만들려고 하는 것을 잊어서는 안 된다. 또한 팀은 이미 잘 동작하는 방법론이나 프로세스로도 학습할 수 있다. 긍정적인 요소는 더욱 좋아질 수 있고, 여러분은 적어도 긍정적인 것들이 잊히지 않았음을 확실히 할 수 있다.

슬랙 Slack에서 공손하게 대화하는 분산된 팀을 떠올려 보자. 그들은 지난 회고에서 수다를 나눈 것이 자신들이 팀으로 연결돼 있음을 느끼게 하는 데 도움이 됨을 알고 있다. 그들의 회고는 대개 "좋은 아침이에요", "잘 가요", "요즘 잘 지내요?"처럼 상대방에 대한 예의와 관심을 보여주는 코멘트로 가득하다.

이번 회고에서는 팀이 슬랙을 어떤 방식으로 사용하는 것이 좋을지 논의할 것을 제안했고 사적인 수다로 사용해서는 안 된다고 팀에서 합의했다. 공손한 코멘트들은 사라졌으며, 어떤 사람은 자신이 더는 팀의 일부가 아니라고 느끼기도 했다. 운이 좋다면 다음 회고에서 이 문제가 도마 위에 다시 오를 것이다. 그러면 슬랙의 사용 목적과 수다가 주는 이익을 한 번 더 검토할 수 있다. 애초에 팀이 회고에서 부정적인 이슈뿐 아니라 긍정적인 이슈에도 초점을 맞췄다면 이런 결정은 나오지 않았을 것이다. 또한 슬랙에서의 수다는 서로에 대한 존중과 예의를 다지는 팀의 의도적인 활동임을 기억했을 것이다.

징후

회고에서 보이는 많은 부정적인 포스트잇 노트, 팀과 팀의 업무에 관한 긍정적인 측면의 논의 결여, 팀이 잘못된 일이나 에너지를 빼앗는 것들에 집중하면서 발생하는 부정적인 분위기들이 이 안티패턴의 징후다. 퍼실리테이터가 가끔 회고에서 분위기를 바꾸려고 농담이나 재밌는 이야기를 하는 것을 보기도 할 것이다. 하지만 이런 노력은 아무 소용없다. 믿어라. 나도 이미 시도해봤다.

리팩터된 해결책

팀원들이 업무의 긍정적인 측면에 집중하도록 돕는 것이 목표다. 여러분은 그저 이렇게 말하면 된다. "오늘은 과거의 긍정적인 측면에 좀 더 많은 시간을 쓸 거예요. 무엇이 효과가 있었나요? 이런 방식으로 일하면서 마음에 든 부분은 어떤 점인가요?" 성공보다 실패에서 더 많이 배우는 건 감사한 일이다. 하지만 효과가 있는 것을 다시 살펴보는 것도 가치가 있으며, 어쩌면 부정적인 측면을 보는 것보다 더 좋을 수 있다는 설명을 덧붙이면 좋다.

여러분의 팀이 이런 팀에 해당하는지는 해결책을 시도해봐야 알 수 있으며 팀에 따라 더 강하게 설득해야 할 수도 있다. 예를 들어 **긍정 회고**를 설계하고 팀에 긍정적인 이벤트와 이슈에 관한 것만 말할 수 있다고 요청해보자.

첫 번째 옵션은 회고의 초점을 긍정적인 마인드셋으로 돌리는 것이다. 두 번째 옵션은 긍정적인 측면에만 초점을 맞추게 한다. 세 번째 옵션은 다소 거친 방법으로 데이터를 수집한 뒤 부정적인 포스트잇 노트를 전부 버리는 것이다. 이와 관련된 내용은 '개인적 일화' 절에서 더 자세히 볼 수 있다.

세 옵션 중 무엇을 선택하든 반발에 대비해야 한다. 어떤 사람은 문제를 해결하지 못하는 회고는 생산적이지 않다고 생각한다. 하지만 경험상, 긍정적인 이슈를 그들이 집중할 대상에 포함하고 여러분이 자신과 프로세스를 믿고 진행한다면 팀은 요점을 파악하고 결과적으로 행복을 느낄 것이다. 나는 적어도 3~6개월에 한 번 꼴로 부정적인 것에 전혀 집중하지 않는 완벽한 긍정 회고를 진행한다. 기간은 여러분이 팀과 얼마나 자주 회고를 하는가에 따라 달라진다. 이 리팩터된 해결책은 긍정적인 이슈와 함께 부정적인 이슈가 자연스럽게 '평소' 회고에 녹아들게 한다.

여담으로 하나 더 말하자면, 부정적인 코멘트가 있을 때 "1년 전 그 빌드가 동작한 건 정말 멋졌어요!" 또는 "전 관리자가 재택근무를 하고 있어서 너무 좋아요!"와 같이 미묘하게 긍정적으로 표현한다. 변장하고 숨어 있는 부정성을 눈치챘다면, 그 순간 미소와 함께 지적하라. 하지만 다음 회고를 위해 그런 코멘트는 메모해 두거나 포스트잇 노트를 주차장에 붙여 두면 좋다.

온라인 관점

오프라인 회고와 마찬가지로 팀이 잘 진행되는 것에 집중하게 하고 격려하며 향상시키는 것이 목표다.

개인적 일화

나의 용감한 퍼실리테이터 동료 중 하나인 사이먼 헴 페더슨Simon Hem Pedersen의 이야기다. 언제나 부정적인 측면에만 집중하길 원했던 팀과 진행한 회고에서 사이먼은 참여자들에게 타임라인을 만들도록 요청했다. 그리고 모든 포스트잇 노트를 보드에 붙인 뒤 휴식 시간을 가졌다. 휴식 시간 동안 사이먼은 초록색 포스트잇 노트, 즉 긍정적인 포스트잇 노트만 남겨두고 모든 노트를 떼어냈다. 팀이 휴식을 마치고 돌아왔을 때 빨간색과 노란색 포스트잇 노트들은 흔적조차 보이지 않았다. 참여자들은 초록색 노트 중 어느 영역에 초점을 맞출지 결정하고 피쉬본 액티비티로 초록색 노트 뒤에 숨은 이유를 찾아냈다. 이와 같은 방식으로 잘된 일에만 초점을 맞추고 실제 업무에서 이를 어떻게 더 좋게 바꿀 것인지에 관한 실험을 발전시켰다.

처음에 사이먼은 부정적인 포스트잇 노트를 제거하면 팀이 실망할지도 모른다며 걱정했다. 하지만 당시 회고는 사이먼이 팀에서 퍼실리테이션한 회고 중 최고로 꼽는 것이 됐다.

팀원들은 서로를 충분히 신뢰하지 못하기 때문에 회고에서 중요한 것들을 공유하지 못한다. 퍼실리테이터는 팀원들이 신뢰를 구축하도록 돕는다.

컨텍스트

사라는 덴마크 회사 팀에서 어떤 문제를 알아챘다. 킴이 한 태스크를 진행하는데, 다른 팀원이 태스크가 잘 진행되는지, 도움은 필요 없는지 물으면 킴은 항상 "괜찮아요. 도움은 필요하지 않아요"라고 말했다. 팀원은 킴을 존중했고 그렇게 시간을 흘렀다. 킴이 작업한 결과물을 사용해야 했을 때(다른 작업에 그 작업 결과물이 필요했기 때문에) 해결할 수 없는 지경에 있었음에도 킴은 이 사실을 인정하지 않고 있었다. 모두 크게 화가 났고 회고 분위기는 불편해졌다. 사라는 다음 회고에서 이 점을 짚고 넘어가야 한다고 생각했기 때문에, 무대 설정하기 단계에서 팀원들이 느끼는 안전함의 수준을 평가하기 위한 액티비티를 시작했다.

안전도 측정 액티비티(Measure Safety Activity)

'온도 읽기(Temperature Reading)'라고도 불리며 그룹 안에서 사람들이 느끼는 안전함의 정도를 측정하는 방법이다. 익명으로 투표를 진행하며 투표자는 1점에서 5점 사이의 점수를 고를 수 있다. 각 점수의 의미는 다음과 같다.

- 5점: 나는 팀과 무엇이든 공유할 수 있을 것 같다.
- 4점: 내가 팀에 가치가 있다고 생각하거나 팀이 내게 요청한다면 내 문제를 팀과 공유하는 것이 두렵지 않다.
- 3점: 나는 함께 일하는 데 필요한 사항은 공유할 수 있다.
- 2점: 내게 문제나 이슈가 있을 때 공유할 수 있다고 느끼지 않는다.
- 1점: 내게 의미 있는 것을 전혀 팀과 공유하지 않겠다. 결과가 두렵기 때문이다.

그룹 내 심리적 안전의 한 측면을 측정함으로써 구성원 사이의 신뢰도 수준을 알아보는 것이 이 액티비티의 핵심이다.

사라가 두려워했듯 3점 이상 선택한 사람은 없었고, 이는 팀원들 사이에 안전함이 없다는 것을 의미했다. 팀원들은 자신의 약점을 보일 수 있을 만큼 서로를 충분히 신뢰하지 않았다. 사라는 현재 상황이 이상적이지 않음을 지적하고 서로에게 좀

더 상냥하게 대할 것을 요청했다. 안타깝게도 요청만으로 상황은 바뀌지 않았다. 또한 회고를 시작하면서 제1원칙을 언급하는 것도 별다른 결과를 가져오지 못했다. 이와 관련된 내용은 2장, '제1원칙 무시'를 참조하라.

일반 컨텍스트

회고 퍼실리테이션 도움에 뭔가 잘못되고 있다는 것을 느낄 때가 있을 것이다. 참여자들이 함께 웃지 않거나 눈을 맞추지 않거나 몸이 닿는 것을 피하며(내향성이 나타난 것일 수도 있으므로 이것만 보고 판단하기는 어렵다), 데이터 수집하기 단계에서 공유해야 할 것을 느리게 적고, 써놓은 이슈들은 모두 긍정적이거나 중립적이거나 매우 피상적이다(예를 들면 '커피가 너무 써요' 등).

안티패턴 해결책

가장 쉽고 빠른 해결책은 회고 참여자들에게 마음속에 있는 것은 무엇이든 솔직하게 말하라고 요청하는 것이다. 초콜릿을 주거나 익명성을 보장함으로써 사람들이 마음을 활짝 열고 말하도록 시도할 수도 있다. 어떤 퍼실리테이터는 사람들에게 서로 비밀을 공유하도록 강요하는 등 낮은 신뢰 수준을 무시하기도 한다.

결과

팀원들 사이에 신뢰가 없으면 회고에서 중요도가 높은 것은 전혀 공유되지 않고, 팀은 그저 피상적인 활동만 하면서 상황에 적응한다. 그 결과 회고는 비생산적이 되고 회고 자체도 버려지게 된다. 팀원들은 서로를 더욱 신뢰하지 않게 되고, 누군가 실수라도 하면 그 실수를 학습의 기회로 삼지 않고 낱낱이 들춰낸다.

징후

회고 참여자들은 긍정적인 이슈나 아주 피상적인 부정적인 이슈말고는 아무것도 공유하려 하지 않는다. 참여자들은 서로의 눈을 보지 않고 허공을 바라본다. 참여자들이 회고 장소를 벗어나려고 하는 것도 볼 수 있다.

말하는 발(Our Talking Feet)

보디랭귀지의 흥미로운 점은 아무리 눈을 마주치고 손의 움직임에 신경 쓰면서 감정을 숨기려 해도 발이 우리를 배신할지 모른다는 것이다. 발끝이 가리키는 방향은 시선과 관계없이 우리가 실제로 어디에 주의를 기울이고 있는지 알려준다. 조금도 불편하지 않은 척하려고 최선을 다해도 발은 우리를 불편한 상황에서 구출하려고 노력할 것이다. (이것은 경험에 바탕을 둔 것으로 연구로 증명되진 않았다.) 스스로 확신하지 않는 과제에 대해 프레젠테이션하는 학생들이나 콘퍼런스에서 처음 발표하는 이들을 보면서 공통적으로 느낀 것이 있다. 그들의 눈은 청중을 바라보고 있지만 발은 출입구 방향으로 이리저리 움직이느라 분주하다. 발이 이렇게 말하는 듯하다. "여기에서 어서 나가자. 너무 멍청해서 스스로를 돌볼 수 없는 게 분명하니 내가 하도록 하지."

리팩터된 해결책

신뢰의 결여가 의심될 때 여러분의 가정이 잘못된 것일 수 있으므로 정말 나쁜 상태인지 가장 먼저 확인해야 한다. 방법의 하나로 앞서 사라가 선택한 안전도 측정 액티비티를 활용할 수 있다. 온라인에서 신뢰를 측정하는 다양한 액티비티를 찾을 수 있지만 안전도 측정 액티비티는 매우 간단하고 쉽게 적용할 수 있다. 이런 액티비티를 할 때는 **호손 효과**Hawthorne Effect[1]도 함께 고려해야 하나, 내가 보기엔 아무것도 하지 않는 것이 더 좋지 않다. 완벽히 정확한 결과는 얻지 못하겠지만 최

---

1   다른 사람이 보고 있음을 인식하는 것으로 인해 연구 대상자의 행동이 평소와 달라지는 현상

소한 이야기의 일부분이라도 알아낼 수 있다.

여러분이 걱정하던 결과가 나왔다면 다음 관문은 여러분이 신뢰 수준을 높이고자 할 때 높일 수 있는지 혹은 현재의 낮은 신뢰 수준 상태로 작업을 이어서 수행할지 결정하는 것이다. 신뢰 수준을 높여 보기로 선택했다면 팀이 신뢰 수준을 바꾸는 데 흥미가 있는지 확인해야 한다. 내가 몇 차례 만나봤던 팀은 '직장은 일하는 곳이니 감정이나 사생활에 관한 이야기는 사양한다'라고 내게 미리 알려왔다. 난 그 회사와 관계를 길게 맺지 않았다. 그 문화는 경영진의 의지로 만들어진 것이기에 그곳을 떠나는 것이 스스로를 보호할 수 있는 최선이라고 생각했다. 팀원들을 모두 데리고 나와 보살피고 싶었지만 그럴 수 없었다.

해결책을 알아보기 전에 한 걸음만 물러서서 신뢰가 무엇인지, 동료들 사이에 왜 신뢰가 중요한지를 생각해 보자(당연히 여러분은 잘 알고 있을 것이다. 내가 조금만 즐겁게 떠들게 허락해주길 바란다).

신뢰라는 단어에는 두 가지 정의가 있다.

1. 신뢰는 '(여러분이) 두려워하는 것이 아니라 원하던 무언가를 (다른 사람에게서) 발견할 수 있다는 확신'(독일, 1977)을 의미한다. 생각해 보면 희망과 두려움의 이중성은 여러분이 다른 사람과의 미래 상호 작용을 바라볼 때 선택할 수 있는 방법이다. 사람들을 신뢰한다면 여러분은 자신이 희망하는 것을 얻을 것이라고 확신한다. 반대로 사람들을 신뢰하지 않는다면 그들의 반응을 두려워한다.

2. 신뢰는 '사람의 희망과 두려움의 교차점'(심슨Simpson, 2007)이다. 이 정의 또한 희망과 두려움 사이의 경계를 활용해 신뢰를 설명한다. 다른 사람과의 상호 작용에서 이 두 가지 기대 유형의 결과를 구분하는 것은 중요하다. 여러 상황에서 팀원들이 어떻게 반응할지에 대한 본인의 기대를 적음으로써 여러분이 신뢰하는 사람과 그렇지 않은 사람을 구분할 수 있다. 예를

들면 이런 것이다. "내 동료는 업무가 많아 바쁠 때도 여전히 나와 약속한 일을 할 것인가?"

어떤 사람은 신뢰를 '관계+확실함'이라 표현했고, 나는 이 개념에 진정으로 공감했다. 내가 신뢰를 만들고 싶을 때면 항상 이 등식을 사용했다. 사람들의 관계가 어떻게 신뢰 수준을 높이는지, 그리고 스스로 약속을 지키는 방법이나 약속을 지키지 못했을 때 상대방에게 알려주는 방법이 동일하게 신뢰를 높이는 것을 봐왔다. 한 가지 더 배우고 깨달은 것은 신뢰란 쌓기는 어렵지만 무너지는 것은 한순간이라는 점이다.

이 단순한 세계관은 내게 매우 유용했다. 하지만 최근 맥나이트[McKnight]와 체르바시[Chervacy]의 연구로 신뢰에 대한 더 나은 정의를 알게 됐다. 둘은 신뢰의 분류를 다음과 같이 정의했다(2001).

- **자비심**[Benevolence]이란 기회주의자처럼 행동하기보다 다른 사람의 이익을 위해 행동하도록 배려하고 동기를 부여하는 것을 의미한다.
- **온전함**[Integrity]이란 선의의 합의를 하고 진실을 말하고 약속을 이행하는 것을 의미한다.
- **능숙함**[Competence]이란 해야 할 일을 해내는 능력이나 역량을 지니는 것을 의미한다.
- **예측 가능성**[Predictability]이란 주어진 상황에서 예측할 수 있을 만큼 일관적으로(좋든 나쁘든) 행동함을 의미한다. 예측 가능성은 다른 특성과 관계없이 신뢰할 수 있는 대상에게 의존하려는 생각에 긍정적인 영향을 미치는 특성이다.

다시 말해 신뢰할 만한 사람이란 자비심을 가진 예측 가능한 사람, 그리고 온전히 자신을 믿어주는 사람의 이익을 위해 살 수 있는 역량을 갖춘 사람을 의미한다.

여러분이 볼 수 있듯 신뢰 가능성과 관계에 관한 첫 번째 등식도 이 정의와 잘 맞지만 다소 정리가 부족하다.

또한 **신뢰하는 입장**Trusting Stance에 관해서도 이야기할 수 있다. 어떤 사람들은 다른 사람들이 선의를 갖고 있으며 신뢰할 수 있다고 가정할 수 있다면 그들과 함께 더 나은 결과를 만들어 낼 수 있다고 믿는다. 어쩌면 이것은 그들이 다른 사람들과 일하는 방식을 바라보는 개인의 선택 혹은 사람들이 사용하는 전략일 것이다. 내 경우엔 신뢰하려는 입장이 강하기 때문에 이를 악용하는 사람들의 타깃이 되곤 한다. 이 입장을 오용했던 사람들이 있었기에 수년 동안 신뢰 수준을 낮추는 태도를 길러왔다. 나는 사람들에게 최고를 기대하는 과정에서 커다란 슬픔을 느꼈다. 결론적으로 사람들이 여러분의 신뢰를 떨어뜨린다면 여러분의 신뢰하는 태도를 낮추게 될 것이다. 신뢰하는 태도를 유지하기는 매우 어렵다.

주변 사람들을 신뢰하지 못한다면 무슨 일이 일어나겠는가? 신뢰 결여는 편도체Amygdalae를 자극할 수 있다. 뇌의 한 부분인 편도체[2]는 위험을 감지하고 원초적인 반응, 즉 상호 작용과 사람에 대한 싸움이나 비행 반응을 유발할 수 있다. 편도체가 과도하게 활성화되면 겉으로 보기에는 별것 아닌 이벤트나 상호 작용을 위험 요소로 해석해 구분한다. 이는 도움 요청이나 문제 혹은 어려움을 공유하기 꺼리는 사람들, 다른 사람의 말을 도발이나 비판으로 과도하게 해석하는 사람을 만든다. 2장, '제1원칙 무시'도 참조하길 바란다.

팀원들 사이의 신뢰도가 높은 팀일수록 서로 돕고 도움을 청하는 경우가 많아 각자의 장점과 스킬 셋을 활용하게 된다. 결과적으로 업무 품질이 높아지며 더욱 조화로운 팀이 탄생한다.

---

2 편도체는 두 개의 아몬드 형태를 가진 핵 군집으로 인간을 포함한 척추동물의 측두엽 안쪽 깊은 곳에 있다. 편도체는 기억, 의사 결정, 감정 반응(두려움, 분노, 공격성 포함)에 관한 처리를 주로 담당한다. 림빅(Limbic) 시스템의 일부로 간주된다.

구글^{Google}의 연구에서 심리적 안전함의 형태인 신뢰가 팀 성과를 보여주는 훌륭한 지표임을 증명한 것은 놀라운 일이 아니다. 구글 인더스트리 총괄^{Head of Industry} 폴 산탄가^{Paul Santanga}는 팀 성과에 관한 2년의 연구 끝에 이렇게 말했다. "신뢰가 없다면 팀도 없습니다."

팀에서 회고를 활용해 신뢰를 구축하는 방법은 무엇인가? 나는 가장 먼저 신뢰에 관해 이야기한다. 과거에 사용했던 간단한 등식이 아니라 세부적인 정의를 활용해 신뢰의 중요성과 신뢰가 부족할 때 초래될 수 있는 결과를 설명한다.

그 뒤 다양한 액티비티와 기법을 시도한다. 대부분은 팀 빌딩에 초점을 맞추지만, 어떤 것들은 업무와 상호 작용 윤리를 다루기도 한다. 나는 팀원들이 모두 함께 웃도록 한다. 팀 빌딩에 있어 함께 웃는 것만큼 강력한 게 없다. 재밌는 만화나 인용구를 찾을 수도 있고, 마음이 내키면 스스로 웃음거리가 되기도 한다. 웃음거리가 되길 자처하는 것은 사람들이 여러분을 신뢰하고 좋아하게 만드는 데 효과적일 수 있다. 여러분 또한 사람이며 흠이 있음을 보여주는 것이기 때문이다. 팀원들끼리 인간으로서 서로에게 위협적이지 않은 질문을 던지도록 할 수도 있다. '진실 둘, 거짓 하나^{Two Truth and a Lie}'와 같은 액티비티는 언제나 흥미진진하며, 회고 사이에 '퀴즈브레이커^{QuizBreaker}'[3]를 사용할 수도 있다.

---

3   매주 한 차례씩 이메일로 발송되는 퀴즈다. 일주일에 한 번, 단 2분의 시간만으로 서로에 관해 더 잘 알 수 있다.

진실 둘, 거짓 하나(Two Truth and a Lie)

주로 십 대를 위한 게임으로 알려졌지만 나이가 많은 사람도 서먹한 분위기를 깨고 싶거나 서로를 좀 더 알고 싶을 때 효과적으로 사용할 수 있다. 다양한 방법으로 이 액티비티를 즐길 수 있지만, 핵심은 모든 사람이 세 가지를 적는 것이다. 두 가지는 진실, 한 가지는 잠재적으로 진실이 될 수 있는 거짓말이다. 여러분은 현학적인 참여자들에 대한 대응책으로 '나는 개미다'와 같은 말을 쓰는 것은 규칙에 어긋난다고 강조할 수도 있다. 모든 참여자가 세 가지를 적으면, 여러분은 돌아가면서 적힌 세 가지를 크게 읽거나 채팅으로 공개한다. 무엇이 거짓말인지 알아내는 것은 팀의 다른 사람들 몫이다. 이 게임으로 서로에 관해 많은 것을 알게 된다. 그러나 더 중요한 것은 그렇게 얻은 정보를 사용해 대화를 시작할 수 있다는 점이다. 마음이 내킨다면 '마라톤 경기에 참여했다', '등산을 했다', '애가 다섯이지만 아직은 살 만하다' 등 허풍을 떨 수 있는 시간이기도 하다. 난 이 게임을 하면서 승자를 가리거나 선물을 전달하지 않는다(물론 경쟁을 선호하는 사람도 있다). 모두 같이 웃으려고 게임을 할 뿐이다.

팀원들이 서로 온전함이나 자비심을 보일 수 있을 만큼 충분히 알도록 도와준다. 하지만 그들이 예측 가능하며 능숙하게 일할 수 있도록 하는 것도 잊지 말아야 한다. 예를 들면 서로에 대한 기대를 알도록 하거나 상호 작용을 하거나 도움을 줄 때(예를 들어 동료 리뷰, 질문을 위해 방해할 수 있는 시점, 논의를 해야 할 때 초대하는 방법 등) 기준이 될 규칙을 만들 수 있다. 행동 규범Code of Conduct을 팀 차터charter에 기록해 둘 수 있으며, 이는 회고뿐만 아니라 모든 상호 작용에서 필요한 행동을 규정한다.

팀 문화를 바꾸기 위해 조직 전체의 문화[4]가 바뀌어야 하는 때도 있다. 이는 회고로 제공할 수 있는 도움보다 커다란 문제다. 관리자들은 실패와 실수에 감사를 표하고, 그것으로 우리가 어떻게 학습할 수 있는지 보여주는 것에서 시작할 수 있

---

4   사이먼 시넥(Simon Sinek)의 비디오, '성과 대 신뢰(Performance versus Trust)'를 참조하라(https://www.youtube.com/watch?v=YPDmNaEG8v4).

다. 냉소적인 말로 위협하거나 직원을 해고하는 대신 학습을 독려할 수 있다. 높은 성과를 내는 사람에게 감사하는 것처럼 믿을 만하거나 함께 일하기 좋은 사람에게 감사를 표하고 공대할 수 있다. 유감스럽게도 조직 문화는 회고 퍼실리테이터의 손이 미치지 못하는 영역일 때가 많다.

온라인 관점

온라인 회고에서는 익명으로 데이터를 수집하고 투표를 진행하기 쉽다. 몇몇 온라인 도구에서는 익명 설정을 기본으로 한다. 따라서 온라인 회고에서는 빠른 대처를 할 수 있지만 팀원들이 흩어져 있을 때는 서로의 신뢰를 구축하는 장기적 목표를 위해 더욱 집중된 노력이 필요하다.

개인적 일화

팀 내 신뢰 수준이 어느 정도인지 직접 묻는 것도 괜찮은 생각이다. 다만 질문을 했을 때 어떤 답변이 돌아오든 대비책이 있어야 한다. 이는 아이들에게 "지금 자러 가고 싶니?"라고 물어보는 것과 다르지 않다. 인정할 수 있는 대답이 하나뿐이라면 질문해선 안 된다. 팀원들에게 질문을 하려면 신뢰 수준이 매우 낮았을 때 어떻게 반응할지 미리 생각해 둬야 한다.

신뢰 결여임을 알게 됐던 두 가지 일화를 소개하겠다. 나는 모 기업에 컨설턴트로 고용돼 회고 퍼실리테이션을 했다. 스폰서에게 팀에 관해 미리 알아둬야 할 것이 있는지 물었다. 그는 팀원들이 문제를 공유하길 두려워한다고 말했다. 이는 매우 중요한 정보였다. 회고에서 팀 내 신뢰 수준이 낮음을 발견할 수 있었대도 미리 알고 있는 편이 더 유용했기 때문이다. 나는 스폰서가 준 정보를 마음에 두고 회고를 계획할 수 있었다.

나는 제1원칙에 관한 확실한 소개와 함께 앞에서 설명한 안전도 측정 액티비티로 회고를 시작하기로 했다. 제1원칙을 소개할 때 팀원들은 입을 꾹 다물고 있었다. 심지어 표정 하나 바뀌지 않았다. 좋지 않은 신호였다. 또한 안전도 측정 액티비티의 결과도 좋지 않았다. 한 사람은 완벽한 불신이었고, 나머지 사람들도 신뢰가 미약하거나 충분하지 않았다. 스폰서가 팀을 정확히 파악한 것은 맞지만, 팀에 얼마나 큰 문제가 있는지까지는 깨닫지 못한 듯했다. 난 이 시점에서 회고를 마무리해야 할지 심각하게 고민했다.

중요한 것이라면 무엇이든 공유할 수 있다고 생각할 만큼 충분한 안전을 아무도 느끼지 못한다면, 정보와 경험 그리고 감정을 공유하기 위해 계획한 세션은 가치가 없다. 나는 대신 『우리는 어떻게 마음을 움직이는가』(프롬북스, 2016)에서 설명한 것처럼 그 방 안에 존재한다고 생각하는 감정들에 이름을 붙이기로 했다. "여러분이 정보를 공유하는 것, 특히 부정적인 정보를 공유하는 것에 두려움을 느끼는 듯 보여요. 분노, 비난, 비웃음을 받게 될까 두려워한다고 생각해요. 그렇지만 저는 여러분이 공유할 만한 경험이나 감정이 있음을 느낍니다."

그들의 몸짓에서 마음이 동요하고 있음을 알 수 있었다. 내가 말을 이어갈수록 내 눈을 더 깊이 바라본다는 느낌이 들었다. 이 회고에서 모든 사람이 아무런 걱정 없이 어떤 이야기라도 할 수 있도록 보장하는 것이 내 책임이며, 그 책임을 다하기 위해 모든 것을 바칠 것이라고 설명했다. 잠시 말을 멈추고 그들에게 내가 한 말에 대해서 생각할 시간을 줬다. 잠시 후, 회고를 계속 진행하길 원하는지, 그리고 가능한 한 많은 정보를 공유하고 싶은지 물었다. 약간의 웅성거림과 끄덕이는 고갯짓을 보인 그들은 포스트잇 노트에 무언가를 쓰기 시작했다.

온라인 회고였다면 익명성을 최대한 활용할 수 있었을 것이다. 오프라인에서도 익명성은 활용할 수 있지만 미리 질문을 해야 하기에 많은 준비가 필요하다. 상황이 이 정도로 처참한 줄 알았다면 나도 그렇게 했을 것이다. 나는 회고 전체 과정에서 실수를 통해 학습하는 것, 서로 알아가는 것, 도움을 요청하고 제공하는 것에 관해 많은 설명을 하고 함께 웃을 수 있도록 최선을 다했다. 회고를 마친 후 스폰서에게 팀에 많은 도움이 필요하다고 전했다. 스폰서는 누가 무슨 이야기를 했는지 구체적으로 이야기해 주길 원했지만 나는 신념을 꺾지 않았다. 팀이 더 자유로운 의사소통과 실패에 관한 공유를 시작하지 못하면 머지않아 심각한 상황이 벌어질 것이라고 스폰서를 설득했다.

다른 한 회사는 내가 실제로 근무했던 곳이어서 모두를 잘 알았으며 가깝게 지냈다. 나는 이들의 신뢰 수준이 낮다는 것을 알았고, 이를 다룰 아이디어가 있었다. 팀 안팎으로 소문과 오해가 있었다. 앞의 일화와 마찬가지로 제1원칙에 대한 강조와 안전도 측정으로 회고를 시작했다. 예상했던 대로 팀의 신뢰도는 매우 낮았고 무언가 말할 수 있을 정도로 안전하다고 느끼는 구성원도 많지 않았다.

하지만 이 팀에서는 분포가 조금 달랐다. 팀원 중 두어 사람은 팀과 모든 것을 공유할 수 있을 만큼 안전하다고 느꼈으며, 익명으로 투표를 진행했음에도 그들이 누구인지 쉽게 알 수 있었다. 유감스럽게도 이 두 사람은 외향적이며 약자를 괴롭히는 불량배들이었고 나머지 팀원들은 내향적이었다. 그리 좋은 조합은 아니었다.

이 회고와 그 후에 있었던 두 번의 회고는 팀의 그라운드 룰을 만들려고 노력했다. 그들이 어떤 방식으로 함께 일하고 의사소통하길 원하는지 물었다. 또한 과거에 속했던 훌륭한 팀은 어떤 팀이었는지, 훌륭한 팀이 일하는 방식의 특징은 무엇이었는지 물었다. 결과적으로 좋은 교훈을 얻을 수 있었던 실패가 있는지 과거를 돌아보게 했다. 팀이 성공한 스토리를 떠올리도록 했다. 나는 미래 회로를 통해 그들이 두려워한 것이 무엇이었는지, 희망했던 것이 무엇이었는지 공유하도록 도왔다. **거대한 입** 그리고 **부정적인 사람**들과 협업하는 것에 대해 내가 세운 조언을 따라 불량배들과 회고 밖에서 그들의 행동 그리고 행동의 결과에 관해 이야기를 나눴다. 하지만 모든 것이 헛고생이었다.

나는 팀의 역동이나 불량배들의 행동을 바꿀 수 없었고, 팀원들은 그 팀에서 일하고 싶어 하지 않았다. 첫 번째 사람이 팀을 떠났을 때 경영진에게 상황을 설명하기로 했다. 나는 이름을 밝혀야 했고 불량배들을 지적하며 행동을 제안해야 했다.

불량배 둘 중 최소한 한 사람을 팀에서 빼내 다른 팀으로 보내거나 해고할 것을 제안했다. 회고만으로 모든 것을 해결할 수는 없었다. 불량배 중 한 사람은 거센 저항 끝에 팀에서 쫓겨났고, 이 상황은 남아 있는 불량배의 행동을 바꿨다. 팀은 성취감을 얻는 방법으로 협업에 필요한 신뢰를 천천히 회복해 갔다.

퍼실리테이터 또는 팀원들은 각자의 문화에서 비롯된 선입관으로 인해

다른 사람들이 회고를 경험하는 방식을 보지 못한다.

퍼실리테이터는 회고 참여자들이 더욱 정렬될 수 있도록 방법을 찾는다.

컨텍스트

이제 사라는 타이타닉 소프트웨어 A/S에서 능력 있는 퍼실리테이터라는 평판을 얻었다. 다른 팀에서도 퍼실리테이터로 초대했으며 그녀는 행복을 느꼈다. 다양한 팀과 사람들을 대상으로 여러 가지 접근 방식을 사용하면서 퍼실리테이션에 대해 많이 학습하고 다른 팀들이 어떻게 협업하고 어떤 고민을 하는지 알게 됐다. 사라는 다른 팀들이 시도해보려고 결정한 것들을 자신의 팀으로 가져와 논의하기도 했다.

그녀가 속한 회사는 최근 일부 개발을 아웃소싱하기로 정했다. 타이타닉 소프트웨어 A/S와는 다른 기업 문화를 가진 기업인 코더즈 바이 디 아워^{CbtH, Coders by the Hour}에서 새로운 개발자 그룹을 고용했다. CbtH 직원들은 문제를 이야기하려 하지 않았다. 문제를 알리지 않고 스스로 해결하려 했다. CbtH에서 문제란 누군가가 잘못한 것이며 잘못을 하면 해고당할 수도 있었기 때문이었다.

사라는 이 팀과 타이타닉 소프트웨어 A/S에서 협력하는 사람들이 함께하는 회고 퍼실리테이션을 요청받았다.

일반 컨텍스트

사람들은 때로 이야기하기를 두려워한다. 의견을 내면 결과가 끔찍할 것이라고 걱정부터 한다. 기업은 물론 나라마다 신뢰 수준이 다르다. 모든 기업에서 감정이나 생각을 익명으로 공유하지는 않으며 공개적으로 문제나 이슈를 공유하는 것은 두려울 수도 있다.

안티패턴 해결책

문화가 달라서 발생할 수 있는 문제를 고려하지 않고 평소대로 절차를 따르기 쉽다. 이로 인해 사람들은 입을 닫게 된다. 경험한 것을 공유하지 않기로 선택하고 결과적으로 중요한 이슈를 논의하지 않게 돼 회고가 힘들어진다.

결과

회고에서 사람들이 말하기 두려워하면 자연스럽게 피상적인 이슈만 다루게 된다. 민감한 주제에 관해 대화할 수 있을 정도의 신뢰 수준을 만들기는 쉽지 않다. 결국 사람들은 감정적인 주제를 피하고 중요한 이슈는 해결되지 않는다. 회고가 시간 낭비처럼 느껴지기 시작하고 실제로도 그렇게 변해간다.

징후

회고에서 여러분이 이해할 수 없는 행동을 보게 된다. 그 행동은 여러분이 속한 곳과는 다른 문화나 다른 가치 시스템에 의해 나타난 것이기에 처음에는 당황할 수 있다. 여기서 소개한 예시에서 회고 참여자들은 어려운 문제를 공유하지 않을 것이다. 그들의 기업 문화에서는 해고가 두려워 부정적인 것들에 관한 목소리를 내지 않기 때문이다. 그들의 조직 계층 또한 여러분이 익숙한 조직 계층과는 다른 방식으로 동작한다.

리팩터된 해결책

다양한 방법으로 신뢰 결여 문제를 다룰 수 있으며 단기적인 해결책도 있고 장기적인 해결책도 있다(22장, '신뢰 결여' 참조). 나는 분산된 회고에서 빠른 해결책으로 구글 독스Google Docs를 익명으로 사용하곤 한다. '링크가 있는 모든 사용자에게 공개Anyone with the link' 옵션을 사용해 문서를 공유하면 참여자들은 해당 문서에 자신의 계정으로 로그인하지 않고도 접속할 수 있다. 접속한 사용자의 이름은 '익명의 냥고양이', '익명의 땅다람쥐'와 같이 '익명의 동물(그림 23.1)'로 표시된다. 참여자들은 동물 이름이 누구에게 할당됐는지 알 수 없으므로 접속자들을 식별할 수 없다.

그림 23.1 구글 드로잉스 문서에 익명 참여자가 표시된 상태

여러분은 때로 직업 안정성이 없고 사회적 안전망이 갖춰지지 않은 나라에서 실제 해고되는 것만큼이나 결과에 큰 두려움이 있는 현실적인 팀에서 일하는 자신을 발견할 수도 있다. 하지만 좁은 범위로 보면 두려움은 비슷하게 느껴지며, 이는 회고의 개방성에 있어 동일한 결과를 가져오기도 한다. 비웃음거리가 되거나 창피를 당하거나 존중받지 못하거나 승진 기회를 놓칠지도 모른다는 두려움은 그와 똑같이 개방성과 공유하고자 하는 직원의 의지에 영향을 미친다.

장기적인 해결책으로는 신뢰를 구축하는 편이 좋다. 이에 관해서는 '신뢰 결여(22장)' 안티패턴에서 자세히 살펴봤다. 신뢰를 쌓으려면 문제가 있음을 인식해야 한다. 이는 팀원들에게 스스로 느끼는 신뢰의 수준이 어떤지 질문함으로써 간단히 알 수 있다. 또한 다양한 액티비티로 팀원들 사이의 신뢰 정도를 확인할 수 있다.

신뢰에 관한 질문은 사람들이 스스로 어떻게 느끼는지 즉각적으로 반영하게 만든다. 또한 이 질문은 다른 사람들이 회고나 회의에 참석하면서 어떤 느낌을 받는지 살펴보도록 돕는 관계적인 효과가 있다. 물론 몇몇 사람은 개인적인 것을 공유하는 데 있어 두려워하는 모습을 보인다. 그들에게 친절을 베풀어도 어떤 것도 공유하려 하지 않는다. 신뢰 결여는 관계적이기도 하다. 그리고 팀의 의사소통 방식을 바꿈으로써 신뢰 수준을 높일 수도 있다.

무엇보다 팀에 영향을 미치는 문화(나라의 문화이든 조직의 문화이든)를 이해하고자 하는 시도는 회고 준비에 커다란 도움이 된다.

온라인 관점

팀 구성원 절반이 침묵하면서 회고가 제대로 진행되지 않는다는 것을 느낄 때 여러분은 회고 대부분을 익명으로 진행해 이를 빠르게 바로잡을 수 있다. 확실히 효과 있지만 장기적으로 봤을 때 이는 해결책이 될 수 없다. 그 사람들을 실제로 만나본다면 온라인에서도 더 많은 선택지가 생긴다.

회고를 시작하기 전이나 마친 후 개인적으로 이야기를 나눌 수 있고, 그들이 일터에서 경험했던 어떠한 이벤트에 관해 물어보면서 그들의 문화도 배울 수 있다. 그들이 마음을 열면 여러분은 문화의 차이에 관한 회고를 할 수 있고, 다음 회고에서 시도해볼 만한 실험을 생각해 볼 수 있다. 예를 들어 미래 회고를 통해 해당 이슈를 더욱 추상적으로 만들거나, 회고를 시작할 때 수다를 위한 시간을 더 마련할 수도 있다.

개인적 일화

인도의 한 팀과 우리 덴마크 팀은 협업하면서 격주마다 회고를 진행했다. 나는 인도 팀 구성원들이 부정적인 것 혹은 그렇게 해석될 수 있을 만한 것을 전혀 공유하지 않는다는 이야기를 들었다. 어쩌면 그들은 해고될 수 있다고 걱정했을지도 모르고, 부정적인 목소리를 내는 게 자연스럽지 않은 문화일 수도 있었다. 확실한 건 없었다.

나는 구글 문서를 만들고 '링크가 있는 모든 사용자에게 공개' 옵션을 설정한 뒤 링크를 포함한 이메일을 보내 참여자들을 회고에 초대했다. 인도 팀 구성원들은 이 방법이 어떻게 동작하는지, 다시 말해 누가 무엇을 쓰든 알아볼 수 없다는 것 그리고 무엇보다 그들이 무엇을 쓰는지 다른 사람이 알 수 없다는 것을 알아챘다. 회고의 데이터 수집하기 단계가 시작되자 그들은 멈출 줄을 몰랐다. 이들은 시스템, 코드 품질, 회의, 일반 의사소통에 관한 수많은 이슈를 적었다. 엄청난 반응이었다. 이를 통해 이전에는 알지 못했던 이슈들(게임의 판도를 뒤엎을 수 있을 정도의 중요한 이슈들)을 해결할 기회를 얻었기 때문이다.

하지만 최고였던 부분은 팀이 새롭게 시도해볼 실험을 브레인스토밍한 것이었다. 인도 팀은 이전에는 제안조차 하지 않았던 과감한 실험 아이디어를 갖고 있었다. 그들은 회고를 마치고 웃으며 농담을 주고받았다. 내게는 그들이 서로 의견을 나눴으며 결과에 대한 두려움 없이 공유할 수 있다는 안도감의 청신호로 보였다.

24장
죽음의 침묵

온라인 회고에서는 팀 전체가 침묵하는 일이 자주 일어난다.
퍼실리테이터는 다양한 기법을 활용해 팀원들이 의견을 내도록 돕는다.

컨텍스트

사라는 팀원들이 의견을 낼 수 있도록 모든 노력을 다했다고 생각했다. 일하는 방식에 관한 것이 아니더라도 최소한 무언가를 말하도록 이끌어내고자 개인적인 휴가 이야기도 공유했다.

분산된 팀과의 세 번째 온라인 회고였고, 가상 온라인 회의실은 쥐 죽은 듯 조용해 사라는 무력감을 느꼈다. 사라가 어떤 말을 해도 아무런 반응을 보이지 않고 대부분의 마이크와 비디오가 꺼져 있었다. 비디오에 모습을 비춘 몇 사람은 스크린을 보며 무언가를 입력하고 있지만 공유 문서에 표시되는 것은 없었다. 사라는 그들이 회고와 관계없는 태스크로 인해 바쁜 것을 알았다.[1]

회고에 참여하는 팀원들의 태도에 절망한 사라는 회고를 멈추고 다음과 같이 말했다.

"저도 회고가 여러분의 시간을 쓰는 가장 좋은 방법은 아니라는 것을 압니다. 이제 회고는 여러분에게 쓸모없고 지루하기만 할 뿐이네요." 들려오는 것은 나지막한 웃음소리뿐이었다.

사라는 회고를 일찍 마쳤다. 더이상 논의할 것이 없기 때문이다.

일반 컨텍스트

분산된 회고에서 일부 참여자는 침묵하며 가끔 의견이라도 나오면 그나마 낫다. 팀 전체가 침묵하면 오프라인 회고에서처럼 참여자들 사이를 돌아다니거나 눈을 마주치면서 의견을 내게끔 독려하기가 어렵다. 온라인에서 침묵은 쉽지만 오프라

---

1   온라인 퍼실리테이터로서 여러분은 사람들이 회고에 집중하는지, 다른 것에 주의를 기울이는지 알 수 있는 초인적인 능력을 발휘하게 된다.

인에서는 침묵이 불편해서 내내 침묵을 지키는 경우도 드물다.

온라인 회고에서는 팀원들이 여러 장소에 흩어져 있으므로 효율성이 떨어지며 침묵으로 이어진다. 어쩌면 이들은 말하기를 두려워하거나, 다른 업무를 하고 있거나, 메일을 쓰고 있거나, 페이스북^{Facebook}을 보고 있을 수도 있다. 아니면 논의하기로 한 주제에 개인 의견이 전혀 없을 수도 있다.

본인이 관련 있다고 선택한 주제에 대해 팀 전체가 할 말이 없다는 점은 이해가 되지 않더라도 그런 일이 종종 일어난다. 스스로 테스트 전략 · 프로세스 · 회의에 만족하지 못하기 때문에 이번 회고에서 그 어젠다를 논의해야겠다고 생각했을 수도 있다. 하지만 부끄럽거나 내향성이거나 무력하다는 등의 이유로 논의가 일어나지 않는다.

이런 상황은 온라인 협업에서의 공손함이나 제약이 조합돼 일어날 수도 있다. 심지어 카메라가 켜있어도 누가 무엇을 말하고자 하는지, 누가 방해하길 원하는지 알기 어려워 침묵한다. 또 다른 이유는 자기가 하고 싶은 말보다 다른 사람들의 말이 더 중요하다고 생각하기 때문이다.

안티패턴 해결책

사람들이 침묵을 유지하도록 허락한다. 아무런 할 말이 없다면 발언을 강요해서는 안 된다.

결과

단기적으로 진행하는 회고에서는 논의가 극소수의 의견만 오가기 때문에 일부 사람들의 목소리가 반영되지 않을 수 있다. 장기적으로 진행하는 회고에서 어떤 이

득도 얻지 못하므로 회고는 취소된다. 사람들은 서서히 회고에 시간을 내지 않고 결국 팀 전체가 회고에 대해 흥미를 잃는다.

징후

회고에서의 침묵이 명백한 징후다. 화면이 꺼진 비디오, 음소거 된 마이크(어떤 사람들은 재채기, 아이들 소리, 잡음 등의 회의를 방해하는 불필요한 배경 소음을 없애기 위해 음소거를 하기도 하지만) 또한 그 징후다. 이보다 덜 명확한 징후로는 사람들이 회고 초대를 거절하는 것이 있다.

리팩터된 해결책

리팩터된 해결책에는 여러 가지 팁과 트릭이 있다. 무엇을 할 것인지에 관한 선택이 침묵의 원인에 따라 달라진다.

일반적으로 회고를 시작할 때는 모든 사람의 목소리가 들리는지 확인한다. 사람들은 회고를 시작할 때 침묵해도 된다고 '허락받으면' 회고가 진행될 때 더욱 쉽게 침묵하려 할 것이다. 이런 현상을 **활성화 현상**이라 부른다.

이런 경우, 이따금 라운드 로빈 기법으로 모든 사람에게 동일한 질문을 던져라. "여러분은 이 일을 어떻게 경험했나요?" 혹은 "지난 스프린트에서 이 실험이 어느 정도 성공적이었다고 생각하나요?"와 같이 질문할 수 있다. 라운드 로빈 기법은 모든 참여자의 말이 중요하다고 느끼도록 만든다. 나는 이 방식으로 침묵하는 사람들에게서 놀라운 인사이트를 얻었다. 처음에는 간단한 질문을 하되 '예' 또는 '아니오'로 대답할 수 있는 질문은 사용하지 않아야 한다. 적어도 의도적으로 누군가를 불편하게 만들지는 말라.

침묵의 원인이 부끄러움이라고 판단했다면 팀을 소그룹으로 나눠 별도 채널에서 이야기하도록 하라. 모든 사람이 말하도록 하는 데 충분하지 않다면, 두 명씩 짝을 지을 수 있도록 그룹을 작게 나눈다. 여러분이 그들의 이야기를 들을 수 있는지도 확인한다.

사람들은 가끔 인원이 너무 많다는 단순한 이유로 침묵하기도 한다. 이럴 때는 온라인 협업 도구의 브레이크아웃 룸 기능을 쓸 수 있다. 여러분이 사용하는 도구에 이 기능이 없으면 다른 도구를 사용해 소그룹으로 이야기하도록 하거나 같은 도구에서 여러 개 회의를 동시에 시작하도록 할 수 있다. 여러분의 손이 미치지 않는 곳에 참여자들이 있다면 지정된 시간이 지나도 반드시 그들이 돌아오도록 말하는 방법을 마련해야 한다.

침묵의 원인이 팀 안에서 안전하다고 느끼지 못하는 것이라면 오프라인이나 별도의 회의를 마련해야 한다. 누가 항상 침묵하는 것을 알아챘다면 회의 바깥이나 전화, 일대일 채팅 등으로 이 이슈를 개인적으로 다뤄보는 것도 고려하는 게 좋다. 침묵하는 대상에게 팀원 모두의 의견을 듣는 것이 얼마나 중요한지 알고 있는지 질문하라. "왜 아무 말도 안 하나요?"라고 질문해서는 안 된다. 공격처럼 들릴 수도 있어서다. 하지만 전체 의견을 듣는 중요성에 관한 질문은 자신의 팀 내 역할과 책임에 관해 생각하도록 독려한다.

어쩌면 무언가에 대해 말하거나 경험이나 아이디어를 공유하는 것을 어려워하는 사람이 있을 수 있다. 이런 경우, 회고의 어젠다를 좀 더 압축하면 도움이 된다. 한 가지 예를 들자면 지난 스프린트의 이벤트에 관해 개인적으로 생각해 보는 시간을 10분에서 3분으로 줄인 다음 생각한 내용을 다른 한 명과 공유하도록 한다. 이는 그들이 무언가 공유하기 전에 생각해 볼 기회를 주는 동시에 말하기 전에 생각이 필요한 사람들에게 시간을 허용한다. 또한 전체를 대상으로 공유하기 전, 확신이 필요한 사람들에게 최소한 다른 한 사람과 테스트해 볼 기회를 준다. 물론 이 방법을 사용하는 경우 여러분이 원했던(혹은 참여자들이 원했던) 만큼의 많은 이슈를 다루지 못할 수도 있다. 하지만 25개의 피상적인 주제를 다루는 것보다는 그보다 적은 주제를 대상으로 확실한 대화를 하는 것이 훨씬 낫다.

앞서 설명한 것처럼 이 문제는 다양한 방법으로 해결할 수 있으며, 팀이 침묵하는 이유에 따라 각기 다른 방법을 적용한다. 현상 뒤에 숨겨진 원인을 찾아내는 작업은 어디에서나 중요하지만 회고에서는 특히 더 중요하다.

온라인 관점

이 안티패턴은 온라인 회고 중심이지만 오프라인 회고에서도 같은 문제가 발생할 수 있다. 오프라인에서 사람들과 함께 있을 때는 그들이 말하도록 유도하기가 쉽다. 보디랭귀지를 사용해 그들을 독려할 수 있기 때문이다. 온라인 회고에서의 또 다른 점은 회고에 참여하지 않는 사람들이 이메일을 읽거나 뉴스를 보는 등 다른 일을 하는 경우가 많다는 점이다. 오프라인에서 한 공간에 있을 때 이들이 이런 일을 하는 것이 분명하다면, 그라운드 룰을 쉽게 만들 수 있다(예를 들어 회고 참석 시 스마트폰과 노트북 지참 금지 등). 이 현상의 원인을 파악하는 것이 중요하다. 참여 자들이 부끄러워서인지, 팀과 분리돼 있기 때문인지, 그리고 팀과 분리돼 있다면 이유는 무엇인지? 이유를 알게 되면 여러분이 '부정적인 팀(21장)', '호기심 가득한 관리자(15장)', '신뢰 결여(22장)' 혹은 '침묵하는 사람(19장)'으로 가득한 공간과 같은 안티패턴에 빠진 것은 아닌지 판단할 수 있을 것이다.

개인적 일화

몇 년 전, 내가 퍼실리테이션 여정을 시작한지 얼마 되지 않았을 때 완벽하게 분산된 팀의 회고 퍼실리테이션 요청을 받았다. 팀원은 서로 만난 적이 없었으며 '강하고 조용한' 문화를 갖고 있었다. 회고에 참여해 본 경험이 있는 사람도 없었다.

그들은 프로그래밍 스킬로 고용된 것이지, 커뮤니케이션 스킬로 인해 고용된 것이 아니었다.

나는 언제나 그랬듯이 모두에게 한 가지 질문을 하며 회고를 시작했다. 팀에서 각자가 맡은 역할이 무엇인지 물었다. 모든 참여자가 짧게 요점만 대답했고 나는 만족했다.

회고의 다음 단계에서 나는 회고 어젠다와 그들이 무엇을 얻길 기대하는지 설명했다. 또한 우리가 공유할 구글 드로잉스 문서 사용법도 설명했다. 그들이 회고에서 무엇을 기대하고 있는지 물어볼 수도 있었지만 그렇게 하지 않았다.

조용히 데이터 수집하기 단계에 들어섰다. 지난 2주 동안 일어났던 사건을 구글 드로잉스의 온라인 포스트잇 노트에 적어 구글 보드에 붙이도록 했다. 회고 참여자는 8명이었고 10개의 노트가 보드에 붙었다. 나는 팀원 중 아무것도 쓰지 않은 사람이 있다고 의심했다.

다음 단계는 일반적으로 모든 노트를 살펴보고 그룹으로 나누는 작업이었다. 포스트잇 노트 수가 너무 적었기 때문에 이 과정은 필요 없었다. 나는 모든 노트의 내용을 큰 소리로 읽어서 모두가 알도록 했다. 그 뒤 참여자들에게 자신이 쓴 노트를 읽고 그 사건을 공유하기로 선택한 이유를 설명하도록 하는 것도 좋은 아이디어라는 생각이 들었지만 그렇게 하진 않았다.

나는 각각의 노트마다 잠깐 멈춰서 질문을 던지고 코멘트를 하거나 반영을 하면서 인사이트 생성하기 단계를 진행했다. 침묵만 흘렀다.

인사이트 생성하기는 회고의 핵심 부분이기 때문에 팀이 최소한 몇 가지 아이템에 관해 반영하고 논의하도록 만들기로 했다. 팀원들이 몇 가지 사건을 공유해 준 점은 고마웠지만, 난 그들이 이 사건에서 더 많은 학습을 하길 원했다. 공유된 사건 중 계획된 릴리스가 취소됐다는 내용이 있었다. 이야기를 나누기에 그 사건이 흥미로울 것으로 생각했다. 피쉬본을 그린 뒤 인과 분석을 '강요'하기로 했다. 통상적으로 나는 팀원들에게 각자 생각하는 가능한 원인을 포스트잇 노트에 써서 피쉬본에 붙이도록 요청한다.

이번에는 라운드 로빈 방식에 따라 강제로 그들에게 각자 생각하는 원인을 말하도록 했다. 모든 참여자에게 취소된 릴리스의 가능한 원인을 하나씩 말하게 한 뒤 대답을 피쉬본에 적었다. 처음 5분 동안 참여자들은 한숨을 쉬었고 몇몇 사람은 대답을 회피했지만 얼마 후 라운드 로빈 방법이 동작하기 시작했다. 취소된 릴리스와 관련된 다양한 원인이 모였다. 기술적인 원인과 조직적인 원인이 함께 있었다. 이제 우린 그들에게 중요한 것을 논의할 수 있는 지점까지 왔고, 남은 회고 시간 동안 그들이 말하도록 하는 것은 어렵지 않았다. 내 어려움이 무엇인지 스스로 알았다. 전체에게 질문하지 않고 각 참여자에게 반영할 시간을 준 뒤 한 명씩 물어보면서 대답을 얻었던 것이다.

그래도 내가 기존 방식을 유지했던 것은 침묵의 원인이 부끄러움이나 두려움이 아니라 문화라고 생각해서다. 물론 잘못 생각했을 수도 있다. 접근 방식을 바꾸거나, 회고를 종료하고 그들이 앞으로 어떻게 해야 할지 알기 위해 오프라인에서 이야기하는 것이 나았을 수도 있다.

결론

결론은 간단하다. 여태껏 내가 저질러온 실수를 피하길 바란다. 회고와 관련한 수많은 함정을 알아차리고 그 함정이 여러분의 프로젝트를 실패하도록 가만히 두지 말라. 실수해야 배운다고도 말한다.

어쩌면 여러분은 이 책에서 소개한 대부분의 안티패턴 해결책을 어느 순간 사용하고 있음을 알아차릴 것이며, 적어도 여러분이 혼자서 이 문제를 겪는 것은 아니라는 것을 알게 될 것이다. 내가 덴마크 어딘가에서 안티패턴을 도입했던 때를 회상하면 우울하다. 여러분이 회고를 퍼실리테이션하는 동안, 어떤 상황에서도 나역시 같은 상황에 있었다. 이 책을 쓰는 동안 잘못됐던 상황을 모두 떠올려야 했기에 정말 힘들었다. 과정이 고통스러웠어도 또 한 번 학습하는 기회가 됐다.

언제나 실수에서 배우고자 했고, 다음번 퍼실리테이션 스킬을 높이고자 했다. 그렇게 하니 조금씩이지만 계속 나아가고 있음을 느낀다. 이제 여러분의 퍼실리테이션 여행을 시작하거나 계속하라. 실수한 후, 각자의 스타일로 격려하거나 실망하라. 그러나 실수를 돌이켜보고 실수를 통해 배우길 바란다. 실패한 회고에서 내가 배웠던 몇 가지 방법은 회고 밖의 영역에서도 매우 유용했다. 예를 들면, 나를 향하는 부정성의 시작이 반드시 내가 그 이유가 아닌 것을 알았다. 부정성은 내가 아닌 다른 곳에서 발생하는 경우가 많았다. 그리고 침묵하는 사람들은 말할 수 있도록 유도하면 무언가 중요한 것을 말한다. 나는 삶의 모든 것을 퍼실리테이션하려고 시도하며, 퍼실리테이션은 다른 사람을 조종하는 힘을 갖는 것은 아니기 때문에 퍼실리테이션에서 벗어나려고도 한다.

퍼실리테이션은 모든 사람이 의견을 말하도록, 모든 협업 상황에서 좋은 감정을 느끼도록 돕는 것이다. 하지만 때때로 글자 그대로 나쁜 감정에 사로잡혀 다른 사람에겐 신경도 쓰지 않는다. 그래도 가끔은 괜찮지 않은가.

참고문헌

- Lyssa Adkins, 『애자일 팀 코칭』(에이콘, 2022)
- Christopher Alexander, Max Jacobson, Sara Ishikawa, Murray Silverstein, 『건축·도시 형태론 2』(태림문화사, 2010)
- John Allspaw, 'The Infinite Hows: An Argument against the Five Whys and an Alternative Approach You Can Apply(무한한 How: 5 Why에 관한 논의와 그 대안적 접근법)', O'Reilly Radar, 2014. https://www.oreilly.com/ideas/the-infinite-hows
- Kent Beck, 'A Short Introduction to Pattern Language(패턴 랭귀지에 관한 짧은 소개)', 『Kent Beck's Guide to Better Smalltalk: A Sorted Collection』(Cambridge University Press, 1998), pp.137~144.
- Ingrid Bens, 『Facilitating with Ease!(정말 쉬운 퍼실리테이션)』(Wiley, 2017)
- Joseph Bergin & Jutta Eckstein, 『Pedagogical Patterns(교육학 패턴)』(Createspace Independent, 2012)
- William Brown, Rahael Walveau, Hays McGormick, Thomas Mowbray, 『AntiPatterns(안티패턴)』(Wiley, 1998)
- Michael E Caspersen, 「Educating Novices in the Skills of Programming(프로그래밍 스킬 초보자 교육)」(PhD dissertation), University of Aarhus, 2007.
- James Coplien & Neil Harrison, 『Organizational Patterns of Agile Software Development(애자일 소프트웨어 개발에서의 조직적 패턴)』(Pearson, 2004)
- Aino Cornils, 「Patterns in Software Development(소프트웨어 개발 패턴)」(PhD

thesis), University of Aarhus, 2001.

- Edward De Bono, Edward De Bono, 『생각이 솔솔 여섯 색깔 모자』(한언, 2011)

- Morton Deutsch, 『The Resolution of Conflict(충돌의 해소)』(Yale University Press, 1973)

- Jutta Eckstein, 'Retrospectives for Organizational Change: An Agile Approach(조직 변화를 위한 회고: 애자일 접근법)', 2019. EPUB: ISBN 978-3-947991-00-6

- Martin Fowler & James Lewis, 'Microservices(마이크로서비스)', 2014. https://martinfowler.com/articles/microservices.html

- Gamma, Erich, Helm, Richard, Johnson, Ralph, Vlissides, John M, 『GoF의 디자인 패턴』(Pearson, 2011)

- Atul Gawande, 『체크! 체크리스트』(21세기북스, 2010)

- Luís Gonçalves, '9 Deadly Agile Retrospectives Antipatterns Every ScrumMaster Must Avoid(모든 스크럼 마스터가 반드시 피해야할 최악의 애자일 회고 9)', 2019. https://luis-goncalves.com/agile-retrospectives-antipatterns

- Luís Gonçalves & Ben Linders, 『Getting Value Out of Agile Retrospectives(애자일 회고로 가치 얻기)』(Lulu.com, 2014)

- Daniel Kahneman, 『생각에 관한 생각』(김영사, 2018)

- Sam Kaner, 『민주적 결정 방법론』(쿠퍼북스, 2017)

- Norman Kerth, 『Project Retrospectives(프로젝트 회고)』(Dorset House. 2001)

- Dave Kerr, 'The Death of Microservice Madness in 2018(2018. 마이크로서비스의 죽음)', 2018. https://dwmkerr.com/the-death-of-microservice-madness-in-2018

- Kurtz & Snowden, 'The New Dynamics of Strategy: Sense-Making in a Complex and Complicated World(전략의 새로운 흐름: 복잡하고 난해한 세상에서의 인지 전략)', 2003. IBM Systems Journal, 42(3), pp.462~483. https://doi.

org/10.1147/sj.423.0462

- Diana Larsen & Esther Derby, 『애자일 회고』(인사이트, 2008)

- Henri Lipmanowicz & Keith McCandless, 『The Surprising Power of Liberating Structures(자유로운 구조가 주는 놀라운 힘)』(Liberating Structures, 2014)

- McKnight & Chervany, 'Trust and Distrust Definitions: One Bite at a Time(신뢰와 불신: 한 번에 한 입씩)', 2001.

- In R. Falcone, M. Singh, and Y.-H. Tan (Eds.), 『Trust in Cyber-Societies: Integrating the Human and Artificial Perspectives(사이버 사회에서의 신뢰: 인간과 인공적 관점의 통합)』, 2014, Berlin: Springer-Verlag, pp.27~54.

- Allan Pease & Barbara Pease, 『보디 랭귀지』(북스캔, 2005)

- Pelrine, J. 'On Understanding Software Agility—A Social Complexity Point of View(소프트웨어 어질리티 이해하기–사회적 복잡성 관점)', 2011, E:CO, 13(1-2): pp.36~37.

- Linda Rising, & Mary Lynn Manns, 『Fearless Change(거침없는 변화)』(Addison-Wesley, 2015)

- Lee Ross, 'The Intuitive Psychologist and His Shortcomings: Distortions in the Attribution Process(직관적인 심리학자와 그의 단점: 귀인 과정에서의 왜곡)', 1977.

- 『Advances in Experimental Social Psychology』, 2012, 10, pp.173~200. https://doi.org/10.1016/ S0065-2601(08)60357-3

- Kathleen Ryan & Daniel Oestreich, 『Driving Fear out of the Workplace(직장에서의 두려움 몰아내기)』(Jossey Bass, 1998)

- Robert Schwarz, 『퍼실리테이션 스킬』(다산서고, 2003)

- Simpson, 'Psychological Foundations of Trust(신뢰의 심리적 기반)'. 『Current Directions in Psychological Science』, 2007. 16(5): pp.264~268.

- Dave Snowden, 'Description Not Evaluation(평가가 아닌 묘사)', 2015 (blog post). http://www.cognitive-edge.com/blog/description-not-evaluation/

- Jean Tabaka, 『Collaboration Explained(효과적인 협업)』(Addison Wesley, 2006)

- Portia Tung, 'The School of Play(놀이 학교)', 2019. https://theschoolofplay. wordpress.com/who-we-are/

- Chris Voss, & Tahl Raz, 『우리는 어떻게 마음을 움직이는가』(프롬북스, 2016)

- Stefan Wolpers, '21 Sprint Retrospective Anti-Patterns(스프린트 리뷰 안티패턴 21)', 2017. https://dzone.com/articles/21-sprint- retrospective-anti-patterns

- James Womack, Daniel Jones, 『린 생산』(한국린경영연구원, 2007)

찾아보기

좋은 팀을 만드는 24가지 안티패턴 타파 기법

발 행 | 2022년 4월 29일

지은이 | 아이노 본 코리
옮긴이 | 김 모 세

펴낸이 | 권 성 준
편집장 | 황 영 주
편 집 | 조 유 나
　　　　김 다 예
디자인 | 송 서 연

에이콘출판주식회사
서울특별시 양천구 국회대로 287 (목동)
전화 02-2653-7600, 팩스 02-2653-0433
www.acornpub.co.kr / editor@acornpub.co.kr

한국어판 ⓒ 에이콘출판주식회사, 2022, Printed in Korea.
ISBN 979-11-6175-633-2
http://www.acornpub.co.kr/book/retrospectives-antipatterns

책값은 뒤표지에 있습니다.